Maitsev Hispaania köök 2023

Tutvuge Hispaania köögi rikkaliku maitsega ja valmistage autentseid roogasid kodus

Laura Robredo

SISU

LENCE A LA LIONESA 25
    KOOSTISOSAD 25
    TÖÖTLEMINE 25
    TRIKK 25

KARRI LÄTSED ÕUNEGA 27
    KOOSTISOSAD 27
    TÖÖTLEMINE 27
    TRIKK 28

POCHAS NAVARRA 29
    KOOSTISOSAD 29
    TÖÖTLEMINE 29
    TRIKK 30

LÄÄS 31
    KOOSTISOSAD 31
    TÖÖTLEMINE 31
    TRIKK 32

BABMUSAKA SEENTEGA 33
    KOOSTISOSAD 33
    TÖÖTLEMINE 33
    TRIKK 34

VIGILIA KARTUL 35
    KOOSTISOSAD 35
    TÖÖTLEMINE 35

TRIKK 36
POCHAD PROFESSIONAALSETE PARTIDEGA 37
    KOOSTISOSAD 37
    TÖÖTLEMINE 37
    TRIKK 38
HOOMAARI BISKE 40
    KOOSTISOSAD 40
    TÖÖTLEMINE 40
    TRIKK 41
KÖÖGIVILJA KLEEBIS 42
    KOOSTISOSAD 42
    TÖÖTLEMINE 42
    TRIKK 43
ISETEHTUD MANDENI LITSENTS 44
    KOOSTISOSAD 44
    TÖÖTLEMINE 44
    TRIKK 44
SUKITSI- JA LÕHEKOOK 45
    KOOSTISOSAD 45
    TÖÖTLEMINE 45
    TRIKK 46
ARTIŠOK SEENTE JA PARMESANIGA 47
    KOOSTISOSAD 47
    TÖÖTLEMINE 47
    TRIKK 48
Marineeritud baklažaan 49

KOOSTISOSAD 49

TÖÖTLEMINE 49

TRIKK 49

PRAETUD OBED SERRANO SINGIGA 51

KOOSTISOSAD 51

TÖÖTLEMINE 51

TRIKK 51

TRINXAT 52

KOOSTISOSAD 52

TÖÖTLEMINE 52

TRIKK 52

BROKOLIGRRATIIN PEEKONI JA AURORAKASTEGA 53

KOOSTISOSAD 53

TÖÖTLEMINE 53

TRIKK 53

KRABIDE JA KARBADEGA BOGOGAN ROHELISES SOOS 54

KOOSTISOSAD 54

TÖÖTLEMINE 54

TRIKK 55

KARAMELLISEERITUD SIBULAT 56

KOOSTISOSAD 56

TÖÖTLEMINE 56

TRIKK 56

TÄIDISTUD SEENED SERRANO SINGI JA PESTO KASTEGA 57

KOOSTISOSAD 57

TÖÖTLEMINE 57

TRIKK 57
CAULIRO AJOARRIEROGA 58
    KOOSTISOSAD 58
    TÖÖTLEMINE 58
    TRIKK 58
RÖSTITUD LILLkapsas 59
    KOOSTISOSAD 59
    TÖÖTLEMINE 59
    TRIKK 59
DUXELLE 60
    KOOSTISOSAD 60
    TÖÖTLEMINE 60
    TRIKK 60
SUITSULÕHE JA KABRALIGA 61
    KOOSTISOSAD 61
    TÖÖTLEMINE 61
    TRIKK 61
LOMBARDA SEGOVIAN 62
    KOOSTISOSAD 62
    TÖÖTLEMINE 62
    TRIKK 62
RÖSTITUD PIPARSALAT 64
    KOOSTISOSAD 64
    TÖÖTLEMINE 64
    TRIKK 65
PRANTSUSE HERNED 66

KOOSTISOSAD	66
TÖÖTLEMINE	66
TRIKK	66

REKREERITUD SPINAAT 67
    KOOSTISOSAD 67
    TÖÖTLEMINE 67
    TRIKK 67

BEBABAS VALGE BUTIFARRAGA 69
    KOOSTISOSAD 69
    TÖÖTLEMINE 69
    TRIKK 69

ROHELISED UBAD SINGIGA 70
    KOOSTISOSAD 70
    TÖÖTLEMINE 70
    TRIKK 70

LAmbalihahautis 71
    KOOSTISOSAD 71
    TÖÖTLEMINE 71
    TRIKK 72

MAGUS BAKLAZAAN Kitsejuustu, mee ja karriga 73
    KOOSTISOSAD 73
    TÖÖTLEMINE 73
    TRIKK 73

VALGE SPARAGLI JA SUITSULÕHE KOOK 74
    KOOSTISOSAD 74
    TÖÖTLEMINE 74

TRIKK 74
MORCILLAGA TÄIDISTUD PIQUILLO PAPPAR MAGUSA VAHUKASTEGA 75
    KOOSTISOSAD 75
    TÖÖTLEMINE 75
    TRIKK 75
OHAKAST MANDLIKASTEGA 76
    KOOSTISOSAD 76
    TÖÖTLEMINE 76
    TRIKK 77
PISTO 78
    KOOSTISOSAD 78
    TÖÖTLEMINE 78
    TRIKK 78
PORRU TAIMSEÄDIKAGA 80
    KOOSTISOSAD 80
    TÖÖTLEMINE 80
    TRIKK 80
PORRU, PEEKON JA PRESSITUD KITŠE 81
    KOOSTISOSAD 81
    TÖÖTLEMINE 81
    TRIKK 82
PARADIIS LA PROVENCALIS 83
    KOOSTISOSAD 83
    TÖÖTLEMINE 83
    TRIKK 83

TÄIDISTUD SIBULAT 84
    KOOSTISOSAD 84
    TÖÖTLEMINE 84
    TRIKK 84
SEEN PÄHKLIKREEMIGA 86
    KOOSTISOSAD 86
    TÖÖTLEMINE 86
    TRIKK 86
TOMATI-BASILIKUKOOK 87
    KOOSTISOSAD 87
    TÖÖTLEMINE 87
    TRIKK 87
KANA KARRI Kartulihautis 88
    KOOSTISOSAD 88
    TÖÖTLEMINE 88
    TRIKK 89
MAGUS MUNA 90
    KOOSTISOSAD 90
    TÖÖTLEMINE 90
    TRIKK 90
KARTUL ON TÄHTIS 91
    KOOSTISOSAD 91
    TÖÖTLEMINE 91
    TRIKK 91
MOLLETO MUNAGA 93
    KOOSTISOSAD 93

TÖÖTLEMINE 93

TRIKK 94

KARTULIKAR JA VALGE 95

KOOSTISOSAD 95

TÖÖTLEMINE 95

TRIKK 96

OMLET COCIDO KASUTAMIST (VANAD RIIDED) 97

KOOSTISOSAD 97

TÖÖTLEMINE 97

TRIKK 98

SUITSU TÄIDIS LACACUE'I, PEEKONI JA DIJZANIGA TÄIDISTUD KARTUL 98

KOOSTISOSAD 98

TÖÖTLEMINE 98

TRIKK 99

KARTULI JA JUUSTU KROKET 99

KOOSTISOSAD 99

TÖÖTLEMINE 99

TRIKK 99

HEA PRAETUD PRAETUD 100

KOOSTISOSAD 100

TÖÖTLEMINE 100

TRIKK 100

FLORENTINE MUNA 101

KOOSTISOSAD 101

TÖÖTLEMINE 101

TRIKK 101
KARTULIPRAUTIS KUUKALA JA KRABIGA 102
    KOOSTISOSAD 102
    TÖÖTLEMINE 102
    TRIKK 103
FLAMENKO STIILIS MUNA 104
    KOOSTISOSAD 104
    TÖÖTLEMINE 104
    TRIKK 104
TORTILLA PAISANA 105
    KOOSTISOSAD 105
    TÖÖTLEMINE 105
    TRIKK 106
PREEMUNAD VORSTIGA, SINEPIGA 107
    KOOSTISOSAD 107
    TÖÖTLEMINE 107
    TRIKK 107
KARTULIPURASTUSED MÄRTSIS 108
    KOOSTISOSAD 108
    TÖÖTLEMINE 108
    TRIKK 109
PURRUSALDA 110
    KOOSTISOSAD 110
    TÖÖTLEMINE 110
    TRIKK 110
FRIIKAD 112

KOOSTISOSAD 112

TÖÖTLEMINE 112

TRIKK 112

Praetud seened 113

KOOSTISOSAD 113

TÖÖTLEMINE 113

TRIKK 113

MUNAD TALDISEL anšooviste ja oliividega 114

KOOSTISOSAD 114

TÖÖTLEMINE 114

TRIKK 115

KARTULIKREEM PEEKONI JA PARMESANIGA 115

KOOSTISOSAD 115

TÖÖTLEMINE 115

TRIKK 116

KEEDUD MUNAD 116

KOOSTISOSAD 116

TÖÖTLEMINE 116

TRIKK 116

KORTSUS KARTUL 117

KOOSTISOSAD 117

TÖÖTLEMINE 117

TRIKK 117

MUNAPUDER SEENTE, KRABIDE JA METSIKLINNUGA 118

KOOSTISOSAD 118

TÖÖTLEMINE 118

TRIKK	119
PRASTITUD KARTULID CHORIZO JA ROHELISE PISAGA	120
KOOSTISOSAD	120
TÖÖTLEMINE	120
TRIKK	120
VAESED KARTULID	121
KOOSTISOSAD	121
TÖÖTLEMINE	121
TRIKK	121
SUURhertsog VARGAS MUNE	121
KOOSTISOSAD	122
TÖÖTLEMINE	122
TRIKK	122
KARTUL ribidega	123
KOOSTISOSAD	123
TÖÖTLEMINE	123
TRIKK	124
PANITUD MUNAD	124
KOOSTISOSAD	124
TÖÖTLEMINE	124
TRIKK	125
KARTUL SARAPUPÄHKLEGA	126
KOOSTISOSAD	126
TÖÖTLEMINE	126
TRIKK	126
MOLLETI MUNA	127

KOOSTISOSAD 127

TÖÖTLEMINE 127

TRIKK 127

KARTUL RIOJANA STIIL 128

KOOSTISOSAD 128

TÖÖTLEMINE 128

TRIKK 128

KARTULI SUBA 130

KOOSTISOSAD 130

TÖÖTLEMINE 130

TRIKK 131

KRABIOMLET KÜÜSLAUGUGA 132

KOOSTISOSAD 132

TÖÖTLEMINE 132

TRIKK 132

AURUTATUD KARTULID NOOKASTEGA 133

KOOSTISOSAD 133

TÖÖTLEMINE 133

TRIKK 133

KARTULIPÜREE 134

KOOSTISOSAD 134

TÖÖTLEMINE 134

TRIKK 134

OATORTILLA MORCILLAGA 135

KOOSTISOSAD 135

TÖÖTLEMINE 135

TRIKK 135
Ta praadis selle ära 136
    KOOSTISOSAD 136
    TÖÖTLEMINE 136
    TRIKK 136
AURUTATUD KARTULID NUSZKALAGA 137
    KOOSTISOSAD 137
    TÖÖTLEMINE 137
    TRIKK 137
Porcupine OMLETT 138
    KOOSTISOSAD 138
    TÖÖTLEMINE 138
    TRIKK 138
OSALINE MUNA 139
    KOOSTISOSAD 139
    TÖÖTLEMINE 139
    TRIKK 139
SUVIKIINI JA TOMATI OMLETT 140
    KOOSTISOSAD 140
    TÖÖTLEMINE 140
    TRIKK 140
COD AJOARRIERO 141
    KOOSTISOSAD 141
    TÖÖTLEMINE 141
    TRIKK 141
AURUTATUD ŠERRI KAKA 142

KOOSTISOSAD 142

TÖÖTLEMINE 142

TRIKK 142

KÕIK I PEBRE MONDFISHist KRABIGA 143

KOOSTISOSAD 143

TÖÖTLEMINE 144

TRIKK 144

RÖSTÕMBLEMINE 145

KOOSTISOSAD 145

TÖÖTLEMINE 145

TRIKK 145

CLAMS MARINERA 146

KOOSTISOSAD 146

TÖÖTLEMINE 146

TRIKK 147

KAPITAL PILPILIGA 148

KOOSTISOSAD 148

TÖÖTLEMINE 148

TRIKK 148

ÕLLEST PÖÖRATUD PUSKKAEV 150

KOOSTISOSAD 150

TÖÖTLEMINE 150

TRIKK 150

TINT TINDIS 151

KOOSTISOSAD 151

TÖÖTLEMINE 151

TRIKK 151
COD CLUB RANERO 153
    KOOSTISOSAD 153
    TÖÖTLEMINE 153
    TRIKK 154
TALD ORANŽIGA 155
    KOOSTISOSAD 155
    TÖÖTLEMINE 155
    TRIKK 155
RIOJANA HAKE 157
    KOOSTISOSAD 157
    TÖÖTLEMINE 157
    TRIKK 158
HAKE KURK MAASIKAKASTEGA 159
    KOOSTISOSAD 159
    TÖÖTLEMINE 159
    TRIKK 159
MERE PISTRAN 160
    KOOSTISOSAD 160
    TÖÖTLEMINE 160
    TRIKK 161
BILBAINE STYLE õmblemine 162
    KOOSTISOSAD 162
    TÖÖTLEMINE 162
    TRIKK 162
KREVETI SCAMPI 163

KOOSTISOSAD 163

TÖÖTLEMINE 163

TRIKK 163

KONDENSAATOR 164

KOOSTISOSAD 164

TÖÖTLEMINE 164

TRIKK 164

DOURADO COD 166

KOOSTISOSAD 166

TÖÖTLEMINE 166

TRIKK 166

BASKI VÄHK 167

KOOSTISOSAD 167

TÖÖTLEMINE 167

TRIKK 168

Äädikas 169

KOOSTISOSAD 169

TÖÖTLEMINE 169

TRIKK 169

NÕELTE MÄRK 170

KOOSTISOSAD 170

TÖÖTLEMINE 170

TRIKK 170

PULBER ADOBO'S (BIENMESABE) 171

KOOSTISOSAD 171

TÖÖTLEMINE 171

TRIKK 172
SULETUD TSITRUS JA TUUN 173
    KOOSTISOSAD 173
    TÖÖTLEMINE 173
    TRIKK 174
KRAB VIHMAJOK 175
    KOOSTISOSAD 175
    TÖÖTLEMINE 175
    TRIKK 175
TUUNIKALA BASILIKUGA 176
    KOOSTISOSAD 176
    TÖÖTLEMINE 176
    TRIKK 176
SOLE A LA MENIER 177
    KOOSTISOSAD 177
    TÖÖTLEMINE 177
    TRIKK 177
LÕHEPRUUN CAVAGA 178
    KOOSTISOSAD 178
    TÖÖTLEMINE 178
    TRIKK 178
BILBAÍN STYLE SEA BASS PIQUILTOS 179
    KOOSTISOSAD 179
    TÖÖTLEMINE 179
    TRIKK 179
KARBALTID VINAIGRETTIS 180

    KOOSTISOSAD 180

    TÖÖTLEMINE 180

    TRIKK 180

MARMITACO 181

    KOOSTISOSAD 181

    TÖÖTLEMINE 181

    TRIKK 181

SOOLALINE MEREMULL 183

    KOOSTISOSAD 183

    TÖÖTLEMINE 183

    TRIKK 183

AURUTATUD KOSTID 184

    KOOSTISOSAD 184

    TÖÖTLEMINE 184

    TRIKK 184

KURIT GALITIAS 185

    KOOSTISOSAD 185

    TÖÖTLEMINE 185

    TRIKK 185

HAKE KORVPALL 187

    KOOSTISOSAD 187

    TÖÖTLEMINE 187

    TRIKK 188

NOAD KÜÜSLAUGU JA SIDRUNIGA 189

    KOOSTISOSAD 189

    TÖÖTLEMINE 189

TRIKK	189
WAY WAY PUDDING	190
KOOSTISOSAD	190
TÖÖTLEMINE	190
TRIKK	191
MONDFISH PEHME KÜÜSLAUGUKREEMIGA	192
KOOSTISOSAD	192
TÖÖTLEMINE	192
TRIKK	193
HAKE IN SIIDRI MÜNDIÕUNAKOMPOTIGA	194
KOOSTISOSAD	194
TÖÖTLEMINE	194
TRIKK	195
Marineeritud lõhe	196
KOOSTISOSAD	196
TÖÖTLEMINE	196
TRIKK	196
PISTAN SININE JUUST	197
KOOSTISOSAD	197
TÖÖTLEMINE	197
TRIKK	197
SOJAS AURUTUNUD TUUNIKALA TATAKI	199
KOOSTISOSAD	199
TÖÖTLEMINE	199
TRIKK	199
HAKE KOOK	201

KOOSTISOSAD ... 201

TÖÖTLEMINE ... 201

TRIKK ... 201

PEAPITAL TÄIDISTUD PAPRIK ... 202

KOOSTISOSAD ... 202

TÖÖTLEMINE ... 202

TRIKK ... 203

RADID ... 204

KOOSTISOSAD ... 204

TÖÖTLEMINE ... 204

TRIKK ... 204

PAVIA SÕDURID ... 205

KOOSTISOSAD ... 205

TÖÖTLEMINE ... 205

TRIKK ... 206

RACHELLA ... 207

KOOSTISOSAD ... 207

TÖÖTLEMINE ... 207

TRIKK ... 207

FORELL NAVARRA ... 208

KOOSTISOSAD ... 208

TÖÖTLEMINE ... 208

TRIKK ... 208

LÕHE TATARA AVOKAADOGA ... 209

KOOSTISOSAD ... 209

TÖÖTLEMINE ... 209

TRIKK 209

GALITSIA Kammkarbid 211

    KOOSTISOSAD 211

    TÖÖTLEMINE 211

    TRIKK 211

LENCE A LA LIONESA

KOOSTISOSAD

500 g läätsi

700 g sibulat

200 g võid

1 oksake peterselli

1 oksake tüümiani

1 loorberileht

1 väike sibul

1 porgand

6 nelki

soola

TÖÖTLEMINE

Pruunista julienne ribadeks lõigatud sibul võis tasasel tulel. Kata ja küpseta kergelt kuldpruuniks.

Lisa läätsed, terve väikese sibula sisse torgatud nelk, tükeldatud porgand ja ürdid. Kata külma veega.

Koori ja keeda tasasel tulel, kuni kaunvili on pehme. Reguleerige soola.

TRIKK

Nende kleepumise vältimiseks on oluline küpsetada kõrgel kuumusel, et lülituda keskmisele kuumusele.

KARRI LÄTSED ÕUNEGA

KOOSTISOSAD

300 g läätsi

8 supilusikatäit koort

1 spl karrit

1 kuldne õun

1 oksake tüümiani

1 oksake peterselli

1 loorberileht

2 sibulat

1 küüslauguküünt

3 nelki

4 supilusikatäit õli

Sool pipar

TÖÖTLEMINE

Keeda läätsi külmas vees 1 tund 1 sibula, küüslaugu, loorberilehe, tüümiani, peterselli, nelgi, soola ja pipraga.

Pruunista teine sibul koos õunaga eraldi õlis. Lisa karri ja sega.

Lisa läätsed õunavormi ja küpseta veel 5 minutit. Lisa koor ja sega õrnalt.

TRIKK

Kui läätsedest üle jääb, võid neist kreemi teha ja lisada aurutatud krevette.

POCHAS NAVARRA

KOOSTISOSAD

400 g ube

1 supilusikatäis paprikat

5 küüslauguküünt

1 Itaalia roheline pipar

1 punane paprika

1 puhas porrulauk

1 porgand

1 sibul

1 suur tomat

Oliiviõli

soola

TÖÖTLEMINE

Puhastage oad hästi. Vala vesi kastrulisse koos paprikate, sibulate, porru, tomati ja porgandiga. Küpseta umbes 35 minutit.

Võtke köögiviljad välja ja tükeldage. Seejärel pange need hautisse tagasi.

Haki küüslauk väikesteks tükkideks ja prae väheses õlis. Tõsta tulelt ja lisa paprika. Rehome 5 on integreeritud valgesse uba. Reguleerige soola.

TRIKK

Kuna tegemist on värskete kaunviljadega, on küpsetusaeg palju lühem.

LÄÄS

KOOSTISOSAD

500 g läätsi

1 supilusikatäis paprikat

1 suur porgand

1 keskmine sibul

1 suur paprika

2 küüslauguküünt

1 suur kartul

1 singiots

1 vorst

1 must puding

Peekon

1 loorberileht

soola

TÖÖTLEMINE

Peeneks hakitud köögivilju aurutatakse kergelt pehmeks. Lisage paprika ja lisage 1,5 liitrit vett (võite asendada köögiviljapuljongi või isegi puljongiga). Lisa läätsed, liha, singiots ja loorberileht.

Eemaldage ja säilitage chorizo ja must puding, kui need on pehmed, et need ei puruneks. Jätkake läätsede küpsetamist, kuni need on valmis.

Lisa tükeldatud kartulid ja küpseta veel 5 minutit. Lisa näpuotsaga soola.

TRIKK

Erineva maitse saamiseks lisage läätsedele küpsetamise ajal 1 kaneelipulk.

BABMUSAKA SEENTEGA

KOOSTISOSAD

250 g keedetud punaseid ube

500 g omatehtud tomatikastet

200 g seeni

100 g riivjuustu

½ klaasi punast veini

2 baklažaani

2 küüslauguküünt

1 suur sibul

½ rohelist paprikat

½ kollast paprikat

¼ punast paprikat

1 loorberileht

Piim

pune

Oliiviõli

Sool pipar

TÖÖTLEMINE

Lõika baklažaan viiludeks ja vala soolaga piima sisse, et need kaotaksid oma kibeduse.

Haki sibul, küüslauk ja paprika eraldi ning prae pannil läbi. Lisa seened ja jätka praadimist. Lisa vein ja jahuta kõrgel kuumusel. Lisa tomatikaste, pune ja loorberilehed. Küpseta 15 minutit. Tõsta tulelt ja lisa oad. Hooaeg.

Vahepeal filtreerige baklažaaniviilud hästi, kuivatage, seejärel prae väheses õlis mõlemalt poolt.

Aseta oad ja baklažaan küpsetuspannile, kuni koostisosad on ära kasutatud. Lõpeta baklažaanikihiga. Puista peale riivjuust ja gratiin.

TRIKK

See retsept sobib suurepäraselt läätsede või muudest preparaatidest järelejäänud kaunviljadega.

VIGILIA KARTUL

KOOSTISOSAD

1 kg kikerherneid

1 kg turska

500 g spinatit

50 g mandleid

3 l komplekt

2 supilusikatäit tomatikastet

1 supilusikatäis paprikat

3 viilu röstitud saia

2 küüslauguküünt

1 roheline paprika

1 sibul

1 loorberileht

Oliiviõli

soola

TÖÖTLEMINE

Lase kikerhernestel 24 tundi tõmmata.

Pruunista pannil keskmisel kuumusel kuubikuteks lõigatud sibul, küüslauk ja pipar. Lisa paprika, loorberilehed, tomatikaste ja kalla peale kalapuljong. Kui see hakkab keema, lisa kikerherned. Kui need on peaaegu pehmed, lisa tursk ja spinat.

Vahepeal püreesta mandlid praetud saiaga. Sega läbi ja lisa hautisele. Keeda veel 5 minutit ja reguleeri soola.

TRIKK

Kikerherned tuleb panna potti koos keeva veega, muidu on need kõvad ja kaotavad väga kergesti koore.

POCHAD PROFESSIONAALSETE PARTIDEGA

KOOSTISOSAD

400 g ube

500 g kukeseeni

½ klaasi valget veini

4 küüslauguküünt

1 väike roheline paprika

1 väike tomat

1 sibul

1 porrulauk

1 Cayenne

hakitud värske petersell

Oliiviõli

TÖÖTLEMINE

Pane kastrulisse oad, pipar, pool sibulat, puhastatud porrulauk, 1 küüslauguküüs ja tomat. Kata külma veega ja küpseta umbes 35 minutit, kuni köögiviljad on pehmed.

Prae teine pool sibulast, Cayenne'i pipart ja ülejäänud väga peeneks lõigatud küüslauguküüned eraldi kõrgel kuumusel. Lisa karbid ja deglaseeri veiniga.

Lisa karbid koos kastmega valgetele ubadele, lisa petersell ja küpseta veel 2 minutit. Reguleerige soola.

TRIKK

Leotage karbid 2 tundi külmas soolaga maitsestatud vees, et kogu muld lahti saada.

HOOMAARI BISKE

KOOSTISOSAD

1 ½ kg homaari

250 g tomateid

200 g porrut

150 g võid

100 g porgandit

100 g sibulat

75 g riisi

1 ½ l kalamahla

¼ l koort

1 dl brändit

1 dl veini

1 oksake tüümiani

2 loorberilehte

Sool pipar

TÖÖTLEMINE

Lõika homaar tükkideks ja prae 50 g võiga punaseks. Süüta see brändiga ja vala üle veiniga. Katke ja küpseta 15 minutit.

Reserveerige homaari liha. Purusta nende rümbad koos brändi, keeduveini ja viirukiga. Minge hiinlasest läbi ja varuge varu.

Prae tükeldatud köögiviljad (vastavalt kõvadusele) ülejäänud võiga. Kõige lõpus lisa tomatid. Niisutage seda reserveeritud puljongiga, lisage ürdid ja riis. Küpseta 45 minutit. Sega ja aja läbi filtri. Lisa koor ja küpseta veel 5 minutit.

Serveeri koort koos tükeldatud homaariga.

TRIKK

Leekida tähendab alkohoolse joogi põletamist nii, et alkohol kaob, aga maitse mitte. Oluline on seda teha väljatõmbeventilaator välja lülitatud.

KÖÖGIVILJA KLEEBIS

KOOSTISOSAD

150 g kuubikuteks lõigatud Serrano sinki

150 g rohelisi ube

150 g lillkapsast

150 g herneid

150 g ube

2 supilusikatäit jahu

3 artišokki

2 kõvaks keedetud muna

2 porgandit

1 sibul

1 küüslauguküünt

1 sidrun

Oliiviõli

soola

TÖÖTLEMINE

Puhastage artišokid, visake ära välimised lehed ja otsad. Keeda vesi 1 spl jahu ja sidrunimahlaga pehmeks. Värskendus ja broneerimine.

Koori ja lõika porgandid keskmisteks tükkideks. Eemaldage ubade nöörid ja otsad ning lõigake need 3 osaks. Lillkapsast korjame roose. Keeda vesi ja küpseta iga köögivili eraldi pehmeks. Värskendus ja broneerimine.

Lõika köögiviljasupp pooleks (v.a artišokisupp).

Haki sibul ja küüslauk väikesteks tükkideks. Hauta 10 minutit koos kuubikuteks lõigatud Serrano singiga. Lisa teine supilusikatäis jahu ja prae veel 2 minutit. Lisa 150 ml köögiviljapuljongit. Eemaldage ja küpseta 5 minutit. Lisa köögiviljad ja neljaks lõigatud kõvaks keedetud munad. Keeda 2 minutit, seejärel lisa soola.

TRIKK

Köögivilju tuleb keeta eraldi, sest küpsetusaeg ei ole sama.

ISETEHTUD MANDENI LITSENTS

KOOSTISOSAD

1 ¼ kg mangold

750 g kartulit

3 küüslauguküünt

2 dl oliiviõli

soola

TÖÖTLEMINE

Pese mangold ja lõika lehed suurteks tükkideks. Koorige lehed ja lõigake need rõngasteks. Keeda lehti ja varsi keevas soolaga maitsestatud vees 5 minutit. Värskendage, tühjendage ja reserveerige.

Keeda kooritud ja cachelada kartuleid samas vees 20 minutit. Kurnata ja varuda.

Prae õlis kooritud ja fileeritud küüslauk. Lisa penca, lehed ja kartulid ning prae 2 minutit. Reguleerige soola.

TRIKK

Penca saab täita singi ja juustuga. Seejärel hõõrume selle välja ja küpsetame.

SUKITSI- JA LÕHEKOOK

KOOSTISOSAD

400 g suvikõrvitsat

200 g värsket lõhet (kondita)

750 ml koort

6 muna

1 sibul

Oliiviõli

Sool pipar

TÖÖTLEMINE

Lõika sibul väikesteks tükkideks ja prae väheses õlis. Lõika suvikõrvits väikesteks kuubikuteks ja lisa sibulale. Hauta keskmisel kuumusel 10 minutit.

Sega ja lisa ½ l koort ja 4 muna, kuni saadakse peen tainas.

Pane üksikutesse, eelnevalt võiga määritud ja jahuga ülepuistatud vormidesse ning küpseta 170 ºC vesivannil u. Küpseta 10 minutit.

Samal ajal prae kuubikuteks lõigatud lõhe kergelt väheses õlis läbi. Maitsesta ja blenderda ülejäänud koore ja 2 munaga. Pane see suvikõrvitsatordi peale. Jätkake küpsetamist veel 20 minutit või kuni see on hangunud.

TRIKK

Serveeri soojalt, purustatud majoneesi ja mõne röstitud safranioksaga.

ARTIŠOK SEENTE JA PARMESANIGA

KOOSTISOSAD

1 ½ kg artišokki

200 g seeni

50 g Parmesani juustu

1 klaas valget veini

3 suurt tomatit

1 kevadsibul

1 sidrun

Oliiviõli

Sool pipar

TÖÖTLEMINE

Koori artišokk, eemalda vars, kõvad välislehed ja ots. Lõika need neljaks osaks ja hõõru sidruniga, et vältida oksüdeerumist. Broneerige see.

Prae hakitud sibul aeglaselt. Tõsta kuumust ja lisa puhastatud ja viilutatud seened. Küpseta 3 minutit. Vala üle veiniga, seejärel lisa riivjuuga tomatid ja artišokid. Katke ja küpseta 10 minutit või kuni artišokid on pehmed ja kaste on paksenenud.

Taldrik, kaste ja puistata üle parmesaniga.

TRIKK

Teine viis artišokkide oksüdeerumise vältimiseks on leotada neid külmas vees, kus on palju värsket peterselli.

Marineeritud baklažaan

KOOSTISOSAD

2 suurt baklažaani

3 supilusikatäit sidrunimahla

3 supilusikatäit hakitud värsket peterselli

2 supilusikatäit hakitud küüslauku

1 spl jahvatatud köömneid

1 supilusikatäis kaneeli

1 spl kuuma pipart

Oliiviõli

soola

TÖÖTLEMINE

Lõika baklažaan pikuti viiludeks. Puista peale soola ja lase köögipaberil 30 minutit puhata. Loputage rohke veega ja hoidke kõrvale.

Nirista baklažaaniviiludele õli ja soola ning küpseta 25 minutit 175 kraadi juures.

Sega kausis teised koostisained. Lisage segule baklažaan ja segage. Kata kaanega ja pane 2 tunniks külmkappi.

TRIKK

Selleks, et baklažaan kaotaks oma kibeduse, võid seda 20 minutit vähese soolaga piimas leotada.

PRAETUD OBED SERRANO SINGIGA

KOOSTISOSAD

1 pudel ube õlis

2 küüslauguküünt

4 viilu serrano sinki

1 kevadsibul

2 muna

Sool pipar

TÖÖTLEMINE

Nõruta ubadelt pannil õli. Prae hakitud sibul, lamineeritud küüslauk ja õhukesteks ribadeks lõigatud sink. Tõsta kuumust, lisa oad ja hauta 3 minutit.

Klopi munad eraldi lahti ja maitsesta soolaga. Vala muna ubadele ja sega pidevalt.

TRIKK

Lisa lahtiklopitud munadele veidi koort või piima, et need ühtlasemaks muutuksid.

TRINXAT

KOOSTISOSAD

1 kg kapsast

1 kg kartuleid

100 g peekonit

5 küüslauguküünt

Oliiviõli

soola

TÖÖTLEMINE

Koori kapsas, pese ja lõika õhukesteks viiludeks. Koori kartulid ja lõika neljandikku. Keeda kõike koos 25 minutit. Võta see välja ja murra kuumalt kahvliga siledaks.

Pruunista pannil hakitud küüslauk ja ribadeks lõigatud peekon. Lisa see eelmisele kartulitainale ja prae mõlemalt poolt 3 minutit, nagu oleks tegemist kartuliomlettiga.

TRIKK

Kapsas tuleb pärast keetmist hästi kurnata, muidu ei pruunistu trinx hästi.

BROKOLIGRRATIIN PEEKONI JA AURORAKASTEGA

KOOSTISOSAD

150 g peekonit ribadena

1 suur brokkoli

Aurora kaste (vt puljongid ja kastmed)

Oliiviõli

Sool pipar

TÖÖTLEMINE

Prae peekoniribad pannil korralikult läbi ja tõsta kõrvale.

Jaga brokkoli kimpudeks ja keeda rohkes soolaga maitsestatud vees 10 minutit või kuni see on pehme. Nõruta ja aseta ahjuplaadile.

Asetage peekon brokoli peale, seejärel aurora kaste ja gratineerige maksimaalsel temperatuuril kuni kuldpruunini.

TRIKK

Brokoli lõhna vähendamiseks lisage keeduvette veidi äädikat.

KRABIDE JA KARBADEGA BOGOGAN ROHELISES SOOS

KOOSTISOSAD

500 g keedetud kardaani

2 dl valget veini

2 dl kalakastet

2 spl hakitud värsket peterselli

1 spl jahu

20 kesta

4 küüslauguküünt

1 sibul

Oliiviõli

soola

TÖÖTLEMINE

Haki sibul ja küüslauk väikesteks tükkideks. Hauta aeglaselt 2 spl õlis 15 minutit.

Lisa jahu ja küpseta pidevalt segades 2 minutit. Tõsta kuumust, vala juurde vein ja lase täielikult jahtuda.

Niisutage seda suitsuahjuga ja küpseta 10 minutit madalal kuumusel pidevalt segades. Lisa petersell ja maitsesta soolaga.

Lisage eelnevalt puhastatud kestad ja kardaan. Katke ja küpseta 1 minut, kuni karbid avanevad.

TRIKK

Ärge keetke peterselli üle, et see ei kaotaks oma värvi ega muutuks pruuniks.

KARAMELLISEERITUD SIBULAT

KOOSTISOSAD

2 suurt sibulat

2 supilusikatäit suhkrut

1 tl Modena või Sherry äädikat

TÖÖTLEMINE

Prae praetud sibul kaetult läbipaistvaks

Kata ja küpseta pruunistumiseni. Lisa suhkur ja küpseta veel 15 minutit. Vannitage äädikaga ja küpseta veel 5 minutit.

TRIKK

Kui soovid sellise koguse karamelliseeritud sibulaga omletti teha, siis kasuta 800 g kartulit ja 6 muna.

TÄIDISTUD SEENED SERRANO SINGI JA PESTO KASTEGA

KOOSTISOSAD

500 g värskeid seeni

150 g Serrano sinki

1 peeneks hakitud talisibul

Pesto kaste (vt puljongid ja kastmed)

TÖÖTLEMINE

Lõika sibul ja sink väikesteks tükkideks. Röstige neid aeglaselt 10 minutit. Laske jahtuda.

Puhasta ja eemalda seenelt vars. Aurutage neid pannil tagurpidi 5 minutit.

Täida seened singi ja talisibulaga, vala peale veidi pestokastet ja küpseta 200 kraadi juures u. 5 minutiks.

TRIKK

Soola pole vaja lisada, sest sink ja pestokaste on kergelt soolased.

CAULIRO AJOARRIEROGA

KOOSTISOSAD

1 suur lillkapsas

1 spl magusat paprikat

1 supilusikatäis äädikat

2 küüslauguküünt

8 supilusikatäit oliiviõli

soola

TÖÖTLEMINE

Jaga lillkapsas kimpudeks ja keeda rohkes soolaga maitsestatud vees 10 minutit või kuni valmis.

Viiluta küüslauk ja prae õlis läbi. Tõsta pann tulelt ja lisa paprika. Keeda 5 sekundit, seejärel lisa äädikas. Maitsesta sofrito soola ja kastmega.

TRIKK

et lillkapsas küpsetamisel vähem lõhnaks, lisa veele 1 klaas piima.

RÖSTITUD LILLkapsas

KOOSTISOSAD

100 g riivitud parmesani

1 suur lillkapsas

2 munakollast

Bešamellikaste (vt Puljongid ja kastmed)

TÖÖTLEMINE

Jaga lillkapsas kimpudeks ja keeda rohkes soolaga maitsestatud vees 10 minutit või kuni valmis.

Lisa béchamel kastmele (tulult maha), samal ajal vahustades munakollasi ja juustu.

Aseta lillkapsas ahjuvormi ja puista üle bešamellikastmega. Grilli maksimaalsel temperatuuril, kuni pind on kuldpruun.

TRIKK

Kui lisada béchamelile riivjuustu ja munakollast, saab sellest uus Mornay kaste.

DUXELLE

KOOSTISOSAD

500 g seeni

100 g võid

100 g talisibulat (või sibulat)

Sool pipar

TÖÖTLEMINE

Puhasta seened ja lõika väikesteks tükkideks.

Prae väga peeneks hakitud sibul võis, seejärel lisa seened. Hauta, kuni vedelik on täielikult kadunud. Hooaeg.

TRIKK

See võib olla täiuslik lisand, kõhutäide või isegi esimene roog. Seene duksell pošeeritud munaga, duxelliga täidetud kanarind jne.

SUITSULÕHE JA KABRALIGA

KOOSTISOSAD

200 g koort

150 g suitsulõhet

100 g Cabralesi juustu

50 g kooritud kreeka pähkleid

6 endiivia punga

Sool pipar

TÖÖTLEMINE

Lõika endiiviad, peske neid põhjalikult külmas vees ja kastke 15 minutiks jäävette.

Sega kausis juust, ribadeks lõigatud lõhe, kreeka pähklid, koor, sool ja pipar ning täida endiivia selle kastmega.

TRIKK

Endiivia loputamine külma vee all ja jäävette kastmine aitab eemaldada selle kibedust.

LOMBARDA SEGOVIAN

KOOSTISOSAD

40 g piiniaseemneid

40 g rosinaid

1 supilusikatäis paprikat

3 küüslauguküünt

1 punane kapsas

1 pipi õun

Oliivõli

soola

TÖÖTLEMINE

Eemalda punase kapsa keskne vars ja välimised lehed ning lõika julienne'i ribadeks. Puhasta õunast südamikud nahka eemaldamata ja lõika see neljandikku. Küpseta punast kapsast, rosinaid ja õunu 90 minutit. Kurnata ja varuda.

Lõika küüslauk viiludeks ja prae pannil läbi. Lisa piiniaseemned ja röstsai. Lisa paprika ja lisa punane kapsas koos rosinate ja õuntega. Prae 5 minutit.

TRIKK

Et punane kapsas oma värvi ei kaotaks, hakake seda keetma keeva veega ja lisage tilk äädikat.

RÖSTITUD PIPARSALAT

KOOSTISOSAD

3 tomatit

2 baklažaani

2 sibulat

1 punane paprika

1 küüslaugu pea

Äädikas (valikuline)

ekstra neitsioliiviõli

soola

TÖÖTLEMINE

Kuumuta ahi 170°C-ni.

Pese baklažaan, pipar ja tomat, koorige sibul. Aseta kõik köögiviljad ahjuplaadile ja nirista peale ohtralt õli. Küpseta 1 tund, aeg-ajalt keerates, et küpseks ühtlaselt. Võtke see välja nii, nagu see on valmistatud.

Lase paprikatel jahtuda, eemalda nahk ja seemned. Julienne paprika, sibul ja baklažaan ilma seemneteta. Eemaldage kergelt vajutades küüslauguküüned röstitud peast.

Sega kausis kõik köögiviljad, maitsesta näpuotsatäie soola ja praeõliga. Võite lisada ka paar tilka äädikat.

TRIKK

Baklažaani ja tomati koorele on soovitav teha paar sisselõiget, et need küpsemise ajal lõhki ei läheks ja nii oleks kergem koorida.

PRANTSUSE HERNED

KOOSTISOSAD

850 g puhtaid herneid

250 g sibulat

90 g serrano sinki

90 g võid

1 liiter puljongit

1 spl jahu

1 puhas salat

soola

TÖÖTLEMINE

Pruunista võis tükeldatud sibul ja kuubikuteks lõigatud sink. Lisa jahu ja prae 3 minutit.

Lisa puljong ja keeda aeg-ajalt segades veel 15 minutit. Lisa herned ja küpseta 10 minutit keskmisel kuumusel.

Lisa maitsev julienne ja küpseta veel 5 minutit. Lisa näpuotsaga soola.

TRIKK

Küpseta herned katmata, et need halliks ei läheks. Keetmise ajal näpuotsatäie suhkru lisamine suurendab herneste maitset.

REKREERITUD SPINAAT

KOOSTISOSAD

3/4 naela värsket spinatit

45 g võid

45 g jahu

½ liitrit piima

3 küüslauguküünt

Muskaatpähkel

Oliiviõli

Sool pipar

TÖÖTLEMINE

Bechamel on valmistatud sulatatud võist ja jahust. Hauta aeglaselt 5 minutit, seejärel lisa pidevalt segades piim. Küpseta 15 minutit, seejärel maitsesta soola, pipra ja muskaatpähkliga.

Keeda spinat rohkes soolaga maitsestatud vees. Nõruta, jahuta ja pigista korralikult, et need oleksid täiesti kuivad.

Tükelda küüslauk ja prae seda õlis 1 minut. Lisa spinat ja hauta keskmisel kuumusel 5 minutit.

Sega spinat béchameliga ja küpseta pidevalt segades veel 5 minutit.

TRIKK

Mõned röstitud kolmnurgad viilutatud leivaga.

BEBABAS VALGE BUTIFARRAGA

KOOSTISOSAD

1 pudel ube õlis

2 küüslauguküünt

1 valge vorst

1 kevadsibul

Oliiviõli

soola

TÖÖTLEMINE

Nõruta ubadelt pannil õli. Prae selles õlis peeneks sibul ja küüslauk, seejärel lisa kuubikuteks lõigatud vorst.

Küpseta 3 minutit, kuni see on kergelt pruunistunud. Tõsta kuumust, lisa oad ja hauta veel 3 minutit. Lisa näpuotsaga soola.

TRIKK

Seda saab valmistada ka pehmetest ubadest. Selleks keeda külmas vees 15 minutit või kuni see on pehme. Värskendage vee ja jääga, seejärel koorige. Seejärel valmistage retsept samamoodi.

ROHELISED UBAD SINGIGA

KOOSTISOSAD

600 g rohelisi ube

150 g Serrano sinki

1 tl paprikat

5 tomatit

3 küüslauguküünt

1 sibul

Oliiviõli

soola

TÖÖTLEMINE

Eemaldage ubade küljed ja otsad ning lõigake need suurteks kuubikuteks. Keeda keevas vees 12 minutit. Kurna, jahuta ja keeda.

Haki sibul ja küüslauk väikesteks tükkideks. Prae aeglaselt 10 minutit ja lisa Serrano sink. Hauta veel 5 minutit. Lisa paprika ja riivtomat ning prae, kuni kogu vesi on kadunud.

Lisa rohelised oad kastmele ja küpseta veel 3 minutit. Lisa näpuotsaga soola.

TRIKK

Chorizot saab asendada serrano singiga.

LAmbalihahautis

KOOSTISOSAD

450 g lambaliha

200 g rohelisi ube

150 g kooritud ube

150 g herneid

2 liitrit puljongit

2 dl punast veini

4 artišoki südant

3 küüslauguküünt

2 suurt tomatit

2 suurt kartulit

1 roheline paprika

1 punane paprika

1 sibul

Oliiviõli

Sool pipar

TÖÖTLEMINE

Lambaliha tükeldatakse, maitsestatakse ja praetakse kõrgel kuumusel. Eemalda ja reserveeri.

Prae hakitud küüslauku ja sibulat aeglaselt samas õlis 10 minutit. Lisa riivitud tomatid ja küpseta, kuni vesi on täielikult aurustunud. Niisutage seda veiniga ja laske jahtuda. Vala puljong, lisa lambaliha ja küpseta 50 minutit või kuni liha on pehme. Hooaeg.

Aurutage teisel pannil eraldi kuubikuteks lõigatud paprika, herned, neljaks lõigatud artišokid, 8 tükiks lõigatud nöörita oad ja oad. Vala peale lambapuljong ja keeda aeglaselt 5 minutit. Lisa kooritud ja tükeldatud kartulid. Keeda pehmeks. Lisa lambaliha ja veidi puljongit.

TRIKK

Keeda herned katmata, et need halliks ei läheks.

MAGUS BAKLAZAAN Kitsejuustu, mee ja karriga

KOOSTISOSAD

200 g kitsejuustu

1 baklažaan

Kallis

karri

Jahu

Oliiviõli

soola

TÖÖTLEMINE

Lõika baklažaan õhukesteks viiludeks, aseta imavale paberile ja soola mõlemalt poolt. Lase 20 minutit puhata. Eemalda liigne sool ja jahu ning röstsai.

Lõika juust õhukesteks viiludeks. Pane baklažaani ja juustu kihid kokku. Küpseta 5 minutit 160 kraadi juures.

Tõsta taldrikule ja lisa igale baklažaanilõigule 1 tl mett ja tilk karrit.

TRIKK

Baklažaani tükeldamine ja soolaga jätmine eemaldab igasuguse kibeduse.

VALGE SPARAGLI JA SUITSULÕHE KOOK

KOOSTISOSAD

400 g konserveeritud sparglit

200 g suitsulõhet

½ l koort

4 muna

Jahu

Oliiviõli

Sool pipar

TÖÖTLEMINE

Sega kõik koostisained ühtlaseks taignaks. Kurna, et vältida spargli kiudusid.

Vala ainulaadsetesse, eelnevalt võiga määritud ja jahuga ülepuistatud vormidesse. Küpseta 170°C juures 20 minutit. Seda võib võtta kuumalt või külmalt.

TRIKK

Lisandiks sobib suurepäraselt purustatud värsketest basiilikulehtedest valmistatud majonees.

MORCILLAGA TÄIDISTUD PIQUILLO PAPPAR MAGUSA VAHUKASTEGA

KOOSTISOSAD

125 ml koort

8 supilusikatäit sinepit

2 supilusikatäit suhkrut

12 piquillo paprikat

2 verivorsti

Hammasrattad

Jahu ja munad (katmiseks)

Oliiviõli

TÖÖTLEMINE

Murenda must puding ja rösti kuumal pannil koos peotäie piiniaseemnetega. Lase jahtuda ja täida paprikad. Veereta jahus ja munas, prae rohkes õlis.

Keeda koor koos sinepi ja suhkruga paksuks. Serveeri paprikaid kuuma kastmega.

TRIKK

Paprikat tuleb õlis vähehaaval ja väga kuumalt röstida.

OHAKAST MANDLIKASTEGA

KOOSTISOSAD

900 g keedetud kardaani

75 g granuleeritud mandleid

50 g jahu

50 g võid

1 liiter kanapuljongit

1 dl valget veini

1 dl koort

1 spl hakitud värsket peterselli

2 küüslauguküünt

2 munakollast

1 sibul

Oliiviõli

Sool pipar

TÖÖTLEMINE

Hauta mandleid ja jahu aeglaselt võis 3 minutit. Kalla vahustamist jätkates peale kanapuljong ja küpseta veel 20 minutit. Lisa koor, seejärel tõsta tulelt ja lisa segades munakollane. Hooaeg.

Pruunista õlis eraldi tükeldatud sibul ja küüslauk. Lisa ohakas, tõsta kuumust ja deglaseeri koos veiniga. Laske sellel täielikult väheneda.

Lisa supp ohakale ja serveeri peterselliga.

TRIKK

Ärge kuumutage kastet pärast munakollase lisamist üle, et see ei jääks magama ja kaste jääks tükiline.

PISTO

KOOSTISOSAD

4 küpset tomatit

2 rohelist paprikat

2 suvikõrvitsat

2 sibulat

1 punane paprika

2-3 küüslauguküünt

1 tl suhkrut

Oliiviõli

soola

TÖÖTLEMINE

Blanšeerige tomatid, eemaldage nahk ja lõigake kuubikuteks. Koori ja tükelda sibul ja suvikõrvits. Puhasta pipar seemnetest, lõika liha kuubikuteks.

Prae küüslauku ja sibulat väheses õlis 2 minutit. Lisa paprika ja prae veel 5 minutit. Lisa suvikõrvits ja hauta veel paar minutit. Viimasena lisa tomatid ja keeda, kuni kogu vesi on kadunud. Puhastage suhkur ja sool, seejärel keetke.

TRIKK

Võid kasutada purustatud tomatikonservi või head tomatikastet.

PORRU TAIMSEÄDIKAGA

KOOSTISOSAD

8 porrut

2 küüslauguküünt

1 roheline paprika

1 punane paprika

1 kevadsibul

1 kurk

12 supilusikatäit õli

4 supilusikatäit äädikat

Sool pipar

TÖÖTLEMINE

Lõika paprika, talisibul, küüslauk ja kurk väikesteks tükkideks. Sega õli, äädika, soola ja pipraga. Eemaldage see.

Puhasta porru ja keeda neid 15 minutit keevas vees. Võtke välja, kuivatage ja lõigake igaüks kolmeks osaks. Taldrik ja kaste vinegretiga.

TRIKK

Valmista tomatist, talisibulast, kapparist ja mustast oliivist vinegrett. Porrugratiin mozzarella ja kastmega. Hästi.

PORRU, PEEKON JA PRESSITUD KITŠE

KOOSTISOSAD

200 g Manchego juustu

1 liiter koort

8 muna

6 suurt porrulauku puhastatud

1 pakk suitsupeekonit

1 pakk külmutatud lehttainast

Jahu

Oliiviõli

Sool pipar

TÖÖTLEMINE

Või ja jahuga vorm, seejärel vooderda see lehttaignaga. Aseta peale alumiiniumfoolium ja köögiviljad, et see ei kerkiks ning küpseta 15 minutit 185 ºC juures.

Samal ajal praadige aeglaselt peeneks hakitud porru. Lisa peeneks hakitud peekon.

Sega lahtiklopitud muna koore, porru, peekoni ja riivjuustuga. Maitsesta soola ja pipraga, pane see segu lehttaigna peale ja küpseta 165 ºC juures 45 minutit, kuni see taheneb.

TRIKK

Et kontrollida, kas quiche on hangunud, torgake tihvtiga keskele. Kui see kuivana välja tuleb, on see märk, et kook on valmis.

PARADIIS LA PROVENCALIS

KOOSTISOSAD

100 g riivsaia

4 tomatit

2 küüslauguküünt

Petersell

Oliiviõli

Sool pipar

TÖÖTLEMINE

Koori ja tükelda küüslauk, seejärel sega riivsaiaga. Lõika tomatid pooleks ja eemalda seemned.

Kuumuta pannil õli ja lisa tomatid, lõikepool allpool. Kui nahk hakkab servadest kerkima, keera see ümber. Küpseta veel 3 minutit ja aseta need küpsetusplaadile.

Rösti samal pannil leivasegu ja küüslauk. Kui pruunistunud, puista peale tomatid. Kuumuta ahi 180 kraadini ja küpseta 10 minutit, jälgi, et need ära ei kuivaks.

TRIKK

Tavaliselt süüakse seda lisandina, aga ka pearoana, kergelt praetud mozzarellaga.

TÄIDISTUD SIBULAT

KOOSTISOSAD

125 g veisehakkliha

125 g peekonit

2 supilusikatäit tomatikastet

2 spl riivsaia

4 suurt sibulat

1 muna

Oliiviõli

Sool pipar

TÖÖTLEMINE

Hauta kuubikuteks lõigatud peekonit ja hakkliha soola ja pipraga, kuni see kaotab oma roosa värvi. Lisa tomatid ja küpseta veel 1 minut.

Sega liha muna ja riivsaiaga.

Eemaldage esimene sibulakiht ja selle põhi. Kata veega ja küpseta 15 minutit. Kuivatage, eemaldage keskosa ja täitke see lihaga. Küpseta 15 minutit 175 kraadi juures.

TRIKK

Mornay kastet saab valmistada, kui asendada pool piimast sibulate keetmisel saadud veest. Vala peale kaste ja gratin.

SEEN PÄHKLIKREEMIGA

KOOSTISOSAD

1 kg segaseeni

250 ml koort

125 ml brändit

2 küüslauguküünt

Pähkel

Oliivõli

Sool pipar

TÖÖTLEMINE

Prae pannil fileeritud küüslauk. Tõsta kuumust ja lisa puhastatud ja viilutatud seened. Prae 3 minutit.

Niisutage seda brändiga ja laske jahtuda. Lisa koor ja keeda aeglaselt veel 5 minutit. Purusta uhmris peotäis kreeka pähkleid ja vala peale.

TRIKK

Kultiveeritud seened ja isegi kuivatatud seened on head võimalused.

TOMATI-BASILIKUKOOK

KOOSTISOSAD

½ l koort

8 spl tomatikastet (vt puljongid ja kastmed)

4 muna

8 värsket basiilikulehte

Jahu

Oliiviõli

Sool pipar

TÖÖTLEMINE

Segage kõiki koostisosi, kuni saate homogeense massi.

Kuumuta ahi 170°C-ni. Jaga eelnevalt jahuga ja võiga määritud vormidesse ning küpseta 20 minutit.

TRIKK

See on suurepärane viis teisest retseptist järelejäänud tomatikastme ärakasutamiseks.

KANA KARRI Kartulihautis

KOOSTISOSAD

1 kg kartuleid

½ liitrit kanapuljongit

2 kanarinda

1 spl karrit

2 küüslauguküünt

2 tomatit

1 sibul

1 loorberileht

Oliiviõli

Sool pipar

TÖÖTLEMINE

Lõika rinnad keskmisteks kuubikuteks. Maitsesta ja prae kuumas õlis. Võtke see välja ja broneerige see.

Hauta samas õlis madalal kuumusel väikesteks kuubikuteks lõigatud sibulat ja küüslauku 10 minutit. Lisa karri ja prae veel minut aega. Lisa riivtomatid, tõsta kuumust ja keeda, kuni tomatid on kogu vee kaotanud.

Koori ja koori kartulid. Lisa need kastmele ja küpseta 3 minutit. Ujume seda puljongi ja loorberilehega. Keeda tasasel tulel, kuni kartulid on valmis, siis lisa sool ja pipar.

TRIKK

Kühveldage puljongit ja paar kartulit ning püreestage kahvliga. Tõsta tagasi hautisele ja keeda pidevalt segades 1 minut. See muudab puljongi paksemaks, ilma et oleks vaja jahu.

MAGUS MUNA

KOOSTISOSAD

8 muna

Röstleib

Sool pipar

TÖÖTLEMINE

Aseta munad külma vee ja soolaga kaetud kaussi. Keeda, kuni vesi kergelt keeb. Jätke see tulele 3 minutiks.

Eemaldage muna ja jahutage see jäävees. Katkesta ettevaatlikult pealmine kest nagu müts. Maitsesta soola ja pipraga ning serveeri röstitud saiapulkadega.

TRIKK

Oluline on, et esimesel minutil liiguks muna nii, et munakollane oleks keskel.

KARTUL ON TÄHTIS

KOOSTISOSAD

1 kg kartuleid

¾ l kalapuljongit

1 väike klaas valget veini

1 spl jahu

2 küüslauguküünt

1 sibul

Jahu ja munad (katmiseks)

Petersell

Oliiviõli

TÖÖTLEMINE

Koori kartulid ja lõika need mitte liiga paksudeks viiludeks. Jahu ja aja läbi muna. Küpseta ja tõsta kõrvale.

Lõika sibul ja küüslauk väikesteks tükkideks ja koorige need. Lisa ja rösti supilusikatäis jahu ning vala üle veiniga. Lase jahtuda, kuni see on peaaegu kuiv ja märjaks suitsuahjuga. Keeda 15 minutit madalal kuumusel. Maitsesta soolaga ja lisa petersell.

Lisa kartulid kastmele ja keeda pehmeks.

TRIKK

Võid lisada paar tükki merikuradi või merluusi ja krevette.

MOLLETO MUNAGA

KOOSTISOSAD

8 muna

150 g kuivatatud puravikke

50 g võid

50 g jahu

1 dl magusat veini

2 küüslauguküünt

Muskaatpähkel

Äädikas

Õli

Sool pipar

TÖÖTLEMINE

Niisutage puravikke umbes 1 tund 1 liitris kuumas vees. Samal ajal keeda mune keevas, soolaga maitsestatud ja äädikas vees 5 minutit. Eemaldage ja värskendage kohe jääkülmas vees. Koorige see hoolikalt.

Kurna porcini ja jäta vesi alles. Lõika küüslauk viiludeks ja prae õlis kergelt läbi. Lisa porcini ja küpseta 2 minutit kõrgel kuumusel. Maitsesta soola ja pipraga ning vannita magusas veinis, kuni see pehmeneb ja kaste kuivab.

Sulata pannil või koos jahuga. Hauta madalal kuumusel 5 minutit segamist lõpetamata. Vala puraviku hüdraadi vesi. Keeda 15 minutit madalal kuumusel pidevalt segades. Maitsesta ja lisa muskaatpähkel.

Pane taldrikule puravikud, seejärel muna ja kaunista kastmega.

TRIKK

Pehme muna tuleks jätta koos kohupiimavalgu ja vedela munakollasega.

KARTULIKAR JA VALGE

KOOSTISOSAD

1 kg kartuleid

600 g kondita ja nahata merlangi tursk

4 supilusikatäit tomatikastet

1 suur sibul

2 küüslauguküünt

1 loorberileht

Brändi

Oliiviõli

Sool pipar

TÖÖTLEMINE

Koori kartulid, lõika neljaks ja keeda soolaga maitsestatud vees 30 minutit. Nõruta ja aja läbi toiduveski. Laota püree toidukilele ja jäta kõrvale.

Haki sibul ja küüslauk väikesteks tükkideks. Prae keskmisel kuumusel 5 minutit, seejärel lisa loorber ning hakitud ja maitsestatud merlang. Hauta segamist katkestamata veel 5 minutit, niisuta tilga brändiga ja lase settida. Lisa tomatikaste ja küpseta veel minut. Laske jahtuda.

Laota merlang kartulipõhjale, keera mustlasrulli kujuliseks ja pane serveerimiseni külmkappi.

TRIKK

Seda saab valmistada mis tahes värske või külmutatud kalaga. Serveeri roosa kastme või aioliga.

OMLET COCIDO KASUTAMIST (VANAD RIIDED)

KOOSTISOSAD

125 g trummipulgad

100 g kana või kana

60 g kapsast

60 g peekonit

1 tl paprikat

3 küüslauguküünt

1 must puding

1 vorst

1 sibul

2 supilusikatäit oliiviõli

soola

TÖÖTLEMINE

Haki sibul ja küüslauk väikesteks tükkideks. Hauta tasasel tulel 10 minutit. Lõika keedetud liha ja kapsas väikesteks tükkideks ning lisa sibulale. Prae keskmisel kuumusel, kuni liha on kuldpruun ja pruunistunud.

Klopi lahti munad ja lisa lihale. Reguleerige soola.

Kuumuta pann hästi, lisa õli ja prae tortillat mõlemalt poolt.

TRIKK

Serveeri hea köömnetega tomatikastmega.

SUITSU TÄIDIS LACACUE'I, PEEKONI JA DIJZANIGA TÄIDISTUD KARTUL

KOOSTISOSAD

4 keskmist kartulit

250 g peekonit

150 g Parmesani juustu

200 g suitsulõhet

½ l koort

1 baklažaan

Oliiviõli

Sool pipar

TÖÖTLEMINE

Pese kartulid hoolikalt ja küpseta neid koos koorega keskmisel kuumusel 25 minutit või kuni need on pehmed. Nõruta, lõika pooleks ja nõruta, jättes heleda kihi. Hoidke kartuleid tervena ja nõrutage.

Prae kuumal pannil õhukesteks ribadeks lõigatud peekon. Eemalda ja reserveeri. Hauta samas õlis väikesteks kuubikuteks lõigatud baklažaani 15 minutit või kuni see on pehme.

Pane kastrulisse nõrutatud kartulid, pošeeritud baklažaan, peekon, ribadeks lõigatud lõhe, parmesan ja koor. Keeda 5 minutit keskmisel kuumusel, seejärel lisa soola ja pipart.

Täida kartulid eelmise seguga ja gratineeri need 180 ºC juures kuldpruuniks.

TRIKK

Sama täidisega võid teha ka mõned baklažaanid.

KARTULI JA JUUSTU KROKET

KOOSTISOSAD

500 g kartulit

150 g riivitud parmesani

50 g võid

Jahu, muna ja riivsai (katmiseks)

2 munakollast

Muskaatpähkel

Sool pipar

TÖÖTLEMINE

Koori kartulid, lõika neljaks ja keeda keskmisel kuumusel vee ja soolaga 30 minutit. Nõruta ja aja läbi toiduveski. Kui see on kuum, lisage võid, munakollane, sool, pipar, muskaatpähkel ja parmesan. Laske jahtuda.

Vormi kroketitaolised pallid ning veereta neid jahus, lahtiklopitud munas ja riivsaias. Prae rohkes õlis kuldpruuniks.

TRIKK

Enne katmist pane kroketi keskele 1 tl tomatikastet ja tükk värskelt keedetud vorsti. Need on maitsvad.

HEA PRAETUD PRAETUD

KOOSTISOSAD

1 kg hilist või keskhilist kartulit (hapu või Monalisa sort)

1 liiter oliiviõli

soola

TÖÖTLEMINE

Koori kartulid ja lõika tavalisteks kuubikuteks. Peske neid rohkes külmas vees, kuni need muutuvad täiesti läbipaistvaks. kuivatage hästi

Kuumuta õli pannil keskmisel kuumusel umbes 150 kraadini. Kui see hakkab kergelt, kuid pidevalt mullitama, lisa kartulid ja prae väga pehmeks, jälgides, et need ei puruneks.

Suurendage kuumust väga kuuma õliga ja lisage kartulid portsjonitena, segades lusikaga. Küpseta kuldpruuniks ja krõbedaks. Võtke see välja ja tühjendage liigne õli ja sool.

TRIKK

Mõlemad õlitemperatuurid on olulised. See muudab selle seest väga pehmeks ja väljast krõbedaks. Lisa lõpus sool.

FLORENTINE MUNA

KOOSTISOSAD

8 muna

800 g spinatit

150 g vinnutatud sinki

1 küüslauguküünt

Bešamellikaste (vt Puljongid ja kastmed)

soola

TÖÖTLEMINE

Keeda spinatit soolaga maitsestatud keevas vees 5 minutit. Värskendage ja pigistage, et vesi kaotaks. Haki peeneks ja tõsta kõrvale.

Haki küüslauk ja prae keskmisel kuumusel 1 minut. Lisa kuubikuteks lõigatud sink ja küpseta veel 1 minut. Tõsta kuumust, lisa spinat ja küpseta veel 5 minutit. Seejärel jaga spinat 4 savipotti.

Vala spinati peale 2 tükki purustatud muna. Määri bešamellikastmega ja küpseta 8 minutit 170 ºC juures.

TRIKK

Florentine nimetatakse spinatist valmistatud preparaatideks.

KARTULIPRAUTIS KUUKALA JA KRABIGA

KOOSTISOSAD

4 kartulit

300 g puhast kondita merikuradi

250 g kooritud krevette

½ l kalamahla

1 klaas valget veini

1 spl chorizo pipra pasta

1 tl paprikat

8 kiudu safranit

3 viilu röstitud saia

2 küüslauguküünt

1 sibul

Oliiviõli

Sool pipar

TÖÖTLEMINE

Hauta sibulat ja hakitud küüslauku madalal kuumusel 10 minutit. Lisa leivaviilud ja röstsai. Lisa safran, paprika ja chorizo pipar. Prae 2 minutit.

Reserveerige kartulid ja lisage kastmele. Prae 3 minutit. Lisa vein ja lase täielikult jahtuda.

Vala peale puljong ja keeda tasasel tulel, kuni kartul on peaaegu valmis. Lisa tükkideks lõigatud merikukk ja kooritud krevetid. Maitsesta ja küpseta veel 2 minutit. Laske 5 minutit seista, eemaldage kuumusest.

TRIKK

Cachelar kartul tähendab selle rebimist ühtlasteks tükkideks ilma seda täielikult lõikamata. Nii muutub puljong paksemaks.

FLAMENKO STIILIS MUNA

KOOSTISOSAD

8 muna

200 g tomatikastet

1 väike purk piquillo paprikat

4 supilusikatäit keedetud herneid

4 viilu serrano sinki

4 paksu viilu chorizot

4 purki sparglit

TÖÖTLEMINE

Jaga tomatikaste 4 savipoti vahel. Pane kummassegi 2 purustatud muna ning jaota tükkideks lõigatud herned, chorizo ja sink, samuti paprika ja spargel erinevatesse kuhjadesse.

Küpseta 190 kraadi juures, kuni munad on kergelt pehmed.

TRIKK

Seda saab teha botifarra ja isegi värske vorstiga.

TORTILLA PAISANA

KOOSTISOSAD

6 muna

3 suurt kartulit

25 g keedetud herneid

25 g vorsti

25 g Serrano sinki

1 roheline paprika

1 punane paprika

1 sibul

Oliiviõli

Sool pipar

TÖÖTLEMINE

Lõika sibul ja pipar väikesteks tükkideks. Lõika kooritud kartulid väga õhukesteks viiludeks. Prae kartulid koos sibula ja paprikaga keskmisel kuumusel.

Prae väikesteks kuubikuteks lõigatud chorizo ja sink. Nõruta kartulid koos sibula ja paprikaga. Sega chorizo ja singiga. Lisa herned.

Klopi lahti munad, maitsesta soola ja pipraga ning sega siis kartulite ja muude koostisosadega. Kuumuta keskmine pann hästi, lisa eelnev segu ja blenderda mõlemalt poolt.

TRIKK

Palju magada ei pea, sest jääksoojusega saab see valmis. See muudab selle mahlasemaks.

PREEMUNAD VORSTIGA, SINEPIGA

KOOSTISOSAD

8 muna

2 Saksa suitsuvorsti

5 supilusikatäit sinepit

4 supilusikatäit koort

2 hapukurki

Sool pipar

TÖÖTLEMINE

Sega peeneks hakitud kurk sinepi ja koorega.

Viiluta vorst õhukeselt 4 savipoti põhjas. Vala peale sinepikaste, seejärel igasse 2 purustatud muna. Hooaeg.

Küpseta 180 kraadi juures, kuni valk on pehme.

TRIKK

Lisa sinepi-kooresegule 2 sl riivitud parmesani juustu ja paar oksakest värsket tüümiani.

KARTULIPURASTUSED MÄRTSIS

KOOSTISOSAD

7 suurt muna

Küpseta 800 g kartuleid

1 dl valget veini

¼ liitrit kanapuljongit

1 spl värsket peterselli

1 tl paprikat

1 tl jahu

3 küüslauguküünt

Neitsioliiviõli

soola

TÖÖTLEMINE

Haki küüslauk peeneks ja prae seda keskmisel kuumusel 3 minutit ilma liigselt pruunistamata. Lisa jahu ja prae 2 minutit. Lisa paprika ja prae 5 sekundit. Niisutage seda veiniga ja laske täielikult jahtuda. Vannitage puljongiga ja keetke 10 minutit madalal kuumusel, aeg-ajalt segades. Lisa soola ja puista peale petersell.

Koori kartulid. Lõika pikuti neljaks ja need õhukesteks viiludeks. prae pehmeks ja kergelt kuldpruuniks.

Klopi lahti munad ja maitsesta soolaga. Nõruta kartulid hästi ja lisa lahtiklopitud munale. Reguleerige soola.

Kuumuta pann, lisa 3 sl kartulite praadimiseks kasutatud õli, seejärel lisa muna-kartuliseg. Segage 15 sekundit kõrgel kuumusel. Pöörake see taldrikuga ümber. Kuumuta pann ja lisa veel 2 supilusikatäit kartulite praadimisest saadud õli. Lisa tortilla ja rösti kõrgel kuumusel 15 sekundit. Lisa sool ja keeda tasasel tulel 5 minutit.

TRIKK

Selle retsepti jaoks võite kasutada hautiste või riisiroogade puljongijääke.

PURRUSALDA

KOOSTISOSAD

1 kg kartuleid

200 g soolamata turska

100 ml valget veini

3 keskmist porrulauku

1 suur sibul

TÖÖTLEMINE

Keeda turska 1 l külmas vees 5 minutit. Eemaldage tursk, purustage see ja eemaldage luud. Reserveerige keeduvesi.

Julienne sibul ja hauta pannil tasasel tulel umbes 20 minutit. Lõika porru veidi paksudeks viiludeks ja lisa sibulale. Hauta veel 10 minutit.

Cachelar (rebi, ära tükelda) kartulid ja lisa hautisele, kui porru on keenud. Pruunista kartulid veidi, tõsta kuumust ja puista üle valge veiniga. Laske vähendada.

Hautis vannitatakse tursa keetmisest tekkinud vees, maitsestatakse soolaga (peab olema veidi pehme) ja keedetakse, kuni kartul on pehme. Lisa tursk ja küpseta veel 1 minut. Lisa sool ja jäta kaane all 5 minutiks seisma.

TRIKK

Keera see hautis kreemiks. See tuleb lihtsalt purustada ja filtreerida. Hästi.

FRIIKAD

KOOSTISOSAD

500 g kartulit

1 klaas valget veini

1 väike sibul

1 roheline paprika

Oliiviõli

soola

TÖÖTLEMINE

Koori kartulid ja lõika õhukesteks viiludeks. Lõika sibul ja pipar julienne'i ribadeks. Panime selle küpsetusplaadile. Maitsesta soolaga ja määri korralikult õliga. Sega nii, et kõik oleks hästi immutatud ja kata alumiiniumfooliumiga.

Küpseta 160 ºC juures 1 tund. Eemaldage, eemaldage paber ja vannitage koos veiniklaasiga.

Küpseta kaaneta 200 kraadi juures veel 15 minutit.

TRIKK

Veini võid asendada ½ tassi vee, ½ tassi äädika ja 2 sl suhkruga.

Praetud seened

KOOSTISOSAD

8 muna

500 g seeni puhastatud ja viilutatud

100 g kuubikuteks lõigatud Serrano sinki

8 viilu röstitud saia

2 küüslauguküünt

Oliivõli

TÖÖTLEMINE

Lõika küüslauk viiludeks ja prae koos kuubikuteks lõigatud singiga kergelt läbi ilma värvi lisamata. Tõsta kuumust, lisa puhastatud ja viilutatud seened ning prae 2 minutit.

Lisa pidevalt segades lahtiklopitud muna, kuni see muutub kergelt jäigaks ja vahuks.

TRIKK

Soola pole vaja lisada, sest Serrano sink annab seda.

MUNAD TALDISEL anšooviste ja oliividega

KOOSTISOSAD

8 muna

500 g tomateid

40 g kivideta musti oliive

12 anšoovist

10 kapparit

3 küüslauguküünt

1 kevadsibul

pune

Suhkur

Oliiviõli

soola

TÖÖTLEMINE

Haki küüslauk ja sibul peeneks. Rösti 10 minutit madalal kuumusel.

Koorige tomatid, eemaldage seemned ja lõigake väikesteks kuubikuteks. Lisa küüslaugu ja sibula kastmele. Tõsta kuumust ja küpseta, kuni tomatid kaotavad kogu vee. Reguleerige soola ja suhkrut.

Jaga tomatid savipottidesse. Lisa 2 purustatud muna ja vala peale ülejäänud tükeldatud koostisained. Küpseta 180 kraadi juures, kuni valk on pehme.

TRIKK

Suhkru lisamine tomateid kasutavatele retseptidele aitab tasakaalustada selle pakutavat happesust.

KARTULIKREEM PEEKONI JA PARMESANIGA

KOOSTISOSAD

1 kg kartuleid

250 g peekonit

150 g Parmesani juustu

300 ml koort

3 sibulat

Muskaatpähkel

Oliiviõli

Sool pipar

TÖÖTLEMINE

Sega kausis koor juustu, soola, pipra ja muskaatpähkliga.

Koori kartulid ja sibul ning lõika õhukesteks viiludeks. Hauta pannil pehmeks. Nõruta ja maitsesta.

Prae eraldi ribadeks lõigatud peekon ja pane koos kartulitega pannile.

Aseta kartulid nõusse, määri kooremassiga ja küpseta 175°C juures, kuni pealt on augratiin.

TRIKK

Seda retsepti saab valmistada ilma kartulit keetmata. Tuleb vaid 150 kraadi juures küpsetada 1 tund.

KEEDUD MUNAD

KOOSTISOSAD

8 muna

soola

TÖÖTLEMINE

Keeda mune keevas vees 11 minutit.

Värskendage vee ja jääga, seejärel koorige.

TRIKK

Koorimise hõlbustamiseks lisa keeduvette ohtralt soola ja koori pärast jahutamist kohe ära.

KORTSUS KARTUL

KOOSTISOSAD

1 kg väikseid kartuleid

500 g jämedat soola

TÖÖTLEMINE

Keeda kartulid soolaga maitsestatud vees pehmeks. Need peaksid olema täielikult kaetud täiendava sõrme jagu veega. Nõruta kartulid.

Pane kartulid tagasi samasse potti (ilma pesemata) ja tõsta tasasele tulele, sega õrnalt, kuni need on kuivanud. Sellisel juhul tekib igale kartulile väike soolakiht ja koor muutub kortsuliseks.

TRIKK

See sobib suurepäraselt soolakala kõrvale. Proovi pestoga.

MUNAPUDER SEENTE, KRABIDE JA METSIKLINNUGA

KOOSTISOSAD

8 muna

300 g värskeid seeni

100 g krevette

250 ml puljongit

2 supilusikatäit Pedro Ximenez

1 tl jahu

1 hunnik metsikut sparglit

Oliiviõli

1 dl äädikat

Sool pipar

TÖÖTLEMINE

Keeda munad rohkes keevas soolaga maitsestatud vees ja rohkes äädikas. Lülitage kuumus välja, katke pann kaanega ja oodake 3 või 4 minutit. Valge peaks olema keedetud ja munakollane vedel. Eemalda, nõruta ja maitsesta.

Puhasta spargel ja lõika pikuti pooleks. Prae need pannil kõrgel kuumusel, lisa soola ja tõsta kõrvale. Prae kooritud ja maitsestatud krevette samas õlis väga kõrgel kuumusel 30 sekundit. Väljavõtmine.

Prae samal pannil kõrgel kuumusel viilutatud seeni 1 minut, lisa jahu ja prae veel minut aega. Niisutage seda Pedro Ximéneziga, kuni see pehmeneb ja kuivab. Vala peale soolaleem ja aja keema.

Aseta spargel, krevetid ja seened taldrikule ning lisa munad. Kaste Pedro Ximénez kastmega.

TRIKK

Keeda puljongit koos 1 rosmariinioksaga, kuni see saavutab poole mahust.

PRASTITUD KARTULID CHORIZO JA ROHELISE PISAGA

KOOSTISOSAD

6 muna

120 g hakitud chorizot

4 kartulit

2 Itaalia rohelist paprikat

2 küüslauguküünt

1 kevadsibul

Oliiviõli

Sool pipar

TÖÖTLEMINE

Koorige kartulid, peske ja lõigake keskmisteks kuubikuteks. Peske hoolikalt, kuni vesi muutub selgeks. Julienne sibul ja paprika.

Prae kartulid rohkes kuumas õlis, seejärel lisa paprika ja talisibul, kuni köögiviljad on kuldpruunid ja pehmed.

Nõruta kartulid, talisibul ja paprika. Hakitud chorizo pruunistamiseks jäta pannile veidi õli. Sega kartulid uuesti sibula ja paprikaga. Lisa lahtiklopitud munad ja sega kergelt läbi. Lisa soola ja pipart.

TRIKK

Chorizo saate asendada musta pudingi, chistorra ja isegi botifarraga.

VAESED KARTULID

KOOSTISOSAD

1 kg kartuleid

3 küüslauguküünt

1 väike roheline paprika

1 väike punane paprika

1 väike sibul

Värske petersell

Oliiviõli

4 supilusikatäit äädikat

soola

TÖÖTLEMINE

Purusta küüslauk peterselli, äädika ja 4 spl veega.

Koori kartulid ja lõika tükkideks, nagu omleti puhul. Prae rohkes kuumas õlis, seejärel lisa peeneks julienne'i ribadeks lõigatud sibul ja paprika. Jätkake küpsetamist, kuni see on kergelt kuldne.

Eemalda ja nõruta kartul, sibul ja paprika. Lisa purustatud küüslauk ja äädikas. Eemalda ja soola.

TRIKK

Ideaalne lisand kõikidele lihadele, eriti rasvasele, nagu lambaliha ja sealiha.

SUURhertsog VARGAS MUNE

KOOSTISOSAD

8 muna

125 g Parmesani juustu

30 g võid

30 g jahu

½ liitrit piima

4 viilu röstitud saia

Muskaatpähkel

Äädikas

Sool pipar

TÖÖTLEMINE

Besamellikastme valmistamiseks röstitakse jahu võis 5 minutit madalal kuumusel, lisatakse pidevalt segades piim ja keedetakse veel 5 minutit. Maitsesta soola, pipra ja muskaatpähkliga.

Keeda munad rohkes keevas soolaga maitsestatud vees ja rohkes äädikas. Lülitage kuumus välja, katke pann kaanega ja oodake 3 või 4 minutit. Eemalda ja nõruta.

Aseta pošeeritud muna röstitud saiale ja puista peale bešamellikaste. Puista peale riivitud parmesan ja rösti ahjus.

TRIKK

Kui vesi keeb, sega seda tikuga ja lisa kohe muna. See annab meile ümara ja täiusliku kuju.

KARTUL ribidega

KOOSTISOSAD

3 suurt kartulit

1 kg marineeritud searibi

4 supilusikatäit tomatikastet

2 küüslauguküünt

1 loorberileht

1 roheline paprika

1 punane paprika

1 sibul

Oliiviõli

soola

TÖÖTLEMINE

Lõika ribid pooleks ja prae neid väga kuumal pannil. Võtke see välja ja broneerige see.

Prae samas õlis keskmisteks tükkideks lõigatud paprika, küüslauk ja sibul. Kui köögiviljad on pehmenenud, lisa tomatikaste ja lisa uuesti ribid. Sega ja kata veega. Lisa loorberilehed ja keeda tasasel tulel peaaegu pehmeks.

Seejärel lisa praekartul. Lisa sool ja keeda, kuni kartul on pehme.

TRIKK

Kartuli kahhelariseerimine tähendab selle purustamist noaga ilma seda täielikult lõikamata. See tagab tärklise eraldumise kartulist ning puljongi rammusam ja paksem.

PANITUD MUNAD

KOOSTISOSAD

8 muna

70 g võid

70 g jahu

Jahu, muna ja riivsai (katmiseks)

½ liitrit piima

Muskaatpähkel

Oliiviõli

Sool pipar

TÖÖTLEMINE

Kuumuta pann oliiviõliga, prae munad, jättes munakollased tooreks või väga väheks. Eemaldage, soola ja eemaldage liigne õli.

Besamel valmistatakse jahu praadimisel sulavõis 5 minutit. Lisa pidevalt segades piim ja keeda keskmisel kuumusel 10 minutit. Maitsesta vürtside ja muskaatpähkliga.

Määri munad ettevaatlikult igast küljest bešameliga. Jäta külmkappi jahtuma.

Klopi munad jahu, lahtiklopitud muna ja riivsaiaga lahti, seejärel prae rohkes kuumas õlis kuldpruuniks.

TRIKK

Mida värskem muna, seda vähem see küpsetamise ajal pritsib. Selleks võta need 15 minutit enne küpsetamist külmkapist välja.

KARTUL SARAPUPÄHKLEGA

KOOSTISOSAD

750 g kartulit

25 g võid

1 tl hakitud värsket peterselli

2 supilusikatäit oliiviõli

Sool pipar

TÖÖTLEMINE

Koori kartulid ja vormi neist pallid. Keeda need kastrulis soolaga maitsestatud külmas vees. Kui need esimest korda keevad, oodake 30 sekundit ja tühjendage.

Sulata pannil või koos õliga. Lisa kuivatatud ja nõrutatud kartulid ning keeda keskmisel kuumusel, kuni kartul on seest kuldpruun ja pehme. Lisa sool, pipar ja petersell.

TRIKK

Neid võib ka 175 kraadises ahjus aeg-ajalt segades küpsetada, kuni need on pehmed ja kuldpruunid.

MOLLETI MUNA

KOOSTISOSAD

8 muna

soola

Äädikas

TÖÖTLEMINE

Keeda mune soola ja äädikaga keevas vees 5 minutit. Võtke see välja ja jahutage kohe jääkülmas vees, seejärel eemaldage see ettevaatlikult.

TRIKK

Keedumunade hõlpsaks koorimiseks lisa veele ohtralt soola.

KARTUL RIOJANA STIIL

KOOSTISOSAD

2 suurt kartulit

1 tl chorizo või ñora piprapastat

2 küüslauguküünt

1 Astuuria chorizo

1 roheline paprika

1 loorberileht

1 sibul

Paprika

4 supilusikatäit oliiviõli

soola

TÖÖTLEMINE

Hauta hakitud küüslauku õlis 2 minutit. Lisa julienne'i ribadeks lõigatud sibul ja paprika ning prae keskmisel kuumusel 25 minutit (värv peaks olema karamelliseerunud). Lisa teelusikatäis chorizo pipart.

Lisa tükeldatud chorizo ja prae veel 5 minutit. Lisa cachelada kartulid ja küpseta pidevalt segades veel 10 minutit. Maitsesta soolaga.

Lisa paprika ja kata veega. Keeda koos loorberilehtedega väga tasasel tulel, kuni kartul on pehme.

TRIKK

Ülejäänutest saame teha kreemi. See on suurepärane eelroog.

KARTULI SUBA

KOOSTISOSAD

3 suurt kartulit

1 kg puhast kalmaari

3 küüslauguküünt

1 purk herneid

1 suur sibul

Kalapuljong

Värske petersell

Oliiviõli

soola

TÖÖTLEMINE

Lõika sibul, küüslauk ja petersell väikesteks tükkideks. Prae kõik pannil keskmisel kuumusel läbi.

Kui köögiviljad on pruunistunud, tõsta kuumus maksimumini ja auruta keskmisteks tükkideks lõigatud seepiat 5 minutit. Vala peale kala (või külma vett) ja küpseta, kuni kalmaar on pehme. Lisa sool, seejärel lisa kooritud ja cachelada kartulid ning herned.

Alanda kuumust ja küpseta, kuni kartulid on valmis. Maitsesta soolaga ja serveeri kuumalt.

TRIKK

Väga oluline on kalmaari aurutada väga kõrgel kuumusel, muidu on see kõva ja mitte väga mahlane.

KRABIOMLET KÜÜSLAUGUGA

KOOSTISOSAD

8 muna

350 g kooritud krevette

4 küüslauguküünt

1 Cayenne

Oliiviõli

soola

TÖÖTLEMINE

Lõika küüslauk viiludeks ja prae koos Cayenne'i pipraga kergelt läbi. Lisa krevetid, maitsesta soolaga ja tõsta tulelt. Nõruta krevetid, küüslauk ja Cayenne'i pipar.

Kuumuta pann küüslauguõliga korralikult läbi. Klopi lahti ja maitsesta munad. Lisa krevetid ja küüslauk ning viska õrnalt katteks.

TRIKK

Selleks, et tortilla ei jääks pannile kinni, kuumuta see enne õli lisamist korralikult läbi.

AURUTATUD KARTULID NOOKASTEGA

KOOSTISOSAD

1 kg kartuleid

500 g soolamata turska

1 l komplekt

2 küüslauguküünt

1 roheline paprika

1 punane paprika

1 sibul

hakitud värske petersell

Oliiviõli

soola

TÖÖTLEMINE

Lõika sibul, küüslauk ja pipar väikesteks tükkideks. Hauta köögivilju madalal kuumusel 15 minutit.

Lisa cacheladase kartulid (rebitud, lõikamata) ja prae veel 5 minutit.

Maitsesta suitsuga soolaks ja küpseta, kuni kartul on peaaegu valmis. Seejärel lisa tursk ja petersell ning küpseta 5 minutit. Maitsesta soolaga ja serveeri kuumalt.

TRIKK

Enne suitsetamist lisa 1 klaas valget veini ja paar cayenne'i paprikat.

KARTULIPÜREE

KOOSTISOSAD

400 g kartulit

100 g võid

200 ml piima

1 loorberileht

Muskaatpähkel

Sool pipar

TÖÖTLEMINE

Keeda pestud ja lõigatud kartulid koos loorberilehtedega keskmisel kuumusel pehmeks. Nõruta kartulid ja aja need läbi kartulipressi.

Keeda piim koos või, muskaatpähkli, soola ja pipraga.

Vala piim kartulitele ja klopi tikuga. Vajadusel asendage see, mis puudub.

TRIKK

Lisa 100 g riivitud parmesani ja klopi vispliga läbi. Tulemus on maitsev.

OATORTILLA MORCILLAGA

KOOSTISOSAD

8 muna

400 g ube

150 g verivorsti

1 küüslauguküünt

1 sibul

Oliiviõli

soola

TÖÖTLEMINE

Keeda oad vähese soolaga keevas vees pehmeks. Kurna ja värskenda külma vee ja jääga.

Haki sibul ja küüslauk väikesteks tükkideks. Hauta tasasel tulel koos musta pudinguga 10 minutit, jälgi, et see katki ei läheks. Lisa oad ja küpseta veel 2 minutit.

Klopi lahti muna ja sool. Lisa oad ja pruunista neid väga kuumal pannil.

TRIKK

Kui soovid valmistada veelgi suurejoonelisemat rooga, eemalda ubadelt koored kohe pärast nende jahtumist. Sellel on peenem tekstuur.

Ta praadis selle ära

KOOSTISOSAD

8 muna

100 g küüslaugu idandeid

8 viilu röstitud saia

8 metsikut sparglit

2 küüslauguküünt

Oliiviõli

Sool pipar

TÖÖTLEMINE

Lõika küüslauguvõrsed ja kooritud spargel väikesteks tükkideks. Lõika küüslauk viiludeks ja prae koos küüslauguvõrsete ja spargliga kergelt läbi. Hooaeg.

Lisa pidevalt segades lahtiklopitud muna, kuni see kergelt pakseneb. Munakuder serveeritakse röstitud saiaviiludel

TRIKK

Munad võib valmistada ka kausis bain-marie's, keskmisel kuumusel, pidevalt segades. Neil on kreemjas tekstuur.

AURUTATUD KARTULID NUSZKALAGA

KOOSTISOSAD

6 suurt kartulit

500 g kukeseeni

1 tase teelusikatäis magusat paprikat

1 küüslauguküünt

1 sibul

½ rohelist paprikat

½ punast paprikat

vürtsikas paprika

Veisepuljong (niipalju, et katta)

TÖÖTLEMINE

Lõika köögiviljad väikesteks tükkideks ja prae neid madalal kuumusel 30 minutit. Lisa cachelada kartulid (rebitud, lõikamata) ja prae 5 minutit. Lisa veeranditeks lõigatud puhtad kukeseened ilma varteta.

Prae 3 minutit, seejärel lisa paprika ja näputäis teravat pipart. Vala peale puljong ja maitsesta soolaga (see peaks olema kergelt pehme). Hauta tasasel tulel ja lisa soola.

TRIKK

Võta paar keedukartulit vähese puljongiga välja, püreesta ja lisa hautisele tagasi, et kaste pakseneb.

Porcupine OMLETT

KOOSTISOSAD

8 muna

400 g puhast puravikest

150 g krevette

3 küüslauguküünt

2 supilusikatäit oliiviõli

Sool pipar

TÖÖTLEMINE

Haki küüslauk väikesteks tükkideks ja prae pannil keskmisel kuumusel veidi läbi.

Tükelda puravikud, tõsta kuumust ja lisa koos küüslauguga pannile. Küpseta 3 minutit. Lisa kooritud ja maitsestatud krevetid ning prae veel 1 minut.

Klopi lahti munad ja lisa sool. Lisa porcini ja krevetid. Kuumuta pann 2 spl õliga väga hästi läbi ja blenderda tortilla mõlemad pooled.

TRIKK

Kui kõik koostisosad on segunenud, lisa tilk kuuma trühvliõli. rõõmu

OSALINE MUNA

KOOSTISOSAD

8 muna

125 g Parmesani juustu

8 viilu serrano sinki

8 viilu röstitud saia

Bešamellikaste (vt Puljongid ja kastmed)

Äädikas

Sool pipar

TÖÖTLEMINE

Keeda munad rohkes keevas soolaga maitsestatud vees ja rohkes äädikas. Lülitage kuumus välja, katke pann kaanega ja oodake 3 või 4 minutit. Eemaldage ja värskendage vee ja jääga. Eemalda lusikaga ja aseta majapidamispaberile.

Jaga serrano sink 4 jalaks. Pane peale munad, vala peale bešamellikaste ja puista peale riivitud parmesan. Grilli kuni juust on pruunistunud.

TRIKK

Seda saab teha suitsupeekoniga ja isegi sobrassadaga.

SUVIKIINI JA TOMATI OMLETT

KOOSTISOSAD

8 muna

2 tomatit

1 suvikõrvits

1 sibul

Oliiviõli

soola

TÖÖTLEMINE

Lõika sibul õhukesteks ribadeks ja prae madalal kuumusel 10 minutit.

Lõika suvikõrvits ja tomatid viiludeks ning prae neid väga kuumal pannil. Kui suvikõrvits on kuldpruun, lõika suvikõrvits ja tomatid õhukesteks ribadeks. Lisa sibul ja maitsesta soolaga.

Klopi lahti munad ja lisa köögiviljadele. Reguleerige soola. Kuumuta pann hästi ja pane tortilla kogu panni pinnaga kokku puutudes pooleldi magama, seejärel rulli see enda peale kokku.

TRIKK

Proovige seda kuubikuteks lõigatud baklažaani ja bešamelikastmega.

COD AJOARRIERO

KOOSTISOSAD

400 g purustatud soolamata turska

2 supilusikatäit hüdraatunud chorizo pipart

2 supilusikatäit tomatikastet

1 roheline paprika

1 punane paprika

1 küüslauguküünt

1 sibul

1 tšillipipar

Oliiviõli

soola

TÖÖTLEMINE

Julienne köögiviljad ja hauta keskmisel-madalal kuumusel väga pehmeks. Soola jaoks.

Lisa supilusikatäis chorizo pipart, tomatikastet ja tšillit. Lisa purustatud tursk ja küpseta 2 minutit.

TRIKK

Ideaalne täidis maitsva empanada valmistamiseks.

AURUTATUD ŠERRI KAKA

KOOSTISOSAD

750 g kukeseeni

600 ml šerri veini

1 loorberileht

1 küüslauguküünt

1 sidrun

2 supilusikatäit oliiviõli

soola

TÖÖTLEMINE

Loputage kukeseened.

Valage kuumale pannile 2 spl õli ja praege hakitud küüslauk kergelt läbi.

Lisa rannakarbid, vein, loorber, sidrun ja sool korraga. Katke ja küpseta, kuni need avanevad.

Serveeri rannakarbid kastmega.

TRIKK

Loputamine tähendab kestade kastmist külma vette, kus on palju soola, et eemaldada liiv ja mustus.

KÕIK I PEBRE MONDFISHist KRABIGA

KOOSTISOSAD

Kalapuljongi jaoks

15 kreveti pea ja keha

1 pea või 2 luukuradi saba või valge kala

Ketšup

1 kevadsibul

1 porrulauk

soola

hautise jaoks

1 suur kuradi saba (või 2 väikest)

krevettide kehad

1 spl magusat paprikat

8 küüslauguküünt

4 suurt kartulit

3 viilu leiba

1 Cayenne

koorimata mandlid

Oliiviõli

Sool pipar

TÖÖTLEMINE

Kalapuljongi jaoks

Kalasuppi valmistame krevetikehade ja tomatikastme praadimisel. Lisa merikuradi luud või pea ja praetud köögiviljad. Vala peale vesi ja keeda 20 minutit, kurna ja lisa soola.

hautise jaoks

Prae pannil tükeldamata küüslauk. Eemalda ja reserveeri. Prae samas õlis mandlid. Eemalda ja reserveeri.

Prae samas õlis leib. Väljavõtmine.

Purusta uhmris küüslauk, peotäis terveid koorimata mandleid, saiaviilud ja Cayenne'i pipar.

Kui küüslauk on pruunistunud, prae paprika kergelt õlis läbi, jälgi, et see ära ei kõrbeks, seejärel lisa puljongile.

Lisa praekartulid ja keeda pehmeks. Lisa maitsestatud merikukk ja küpseta 3 minutit. Lisa viljaliha ja krevetid ning küpseta veel 2 minutit, kuni kaste pakseneb. Maitsesta soolaga ja serveeri kuumalt.

TRIKK

Kasutage nii palju suitsu, et kartulid katta. Selle retsepti jaoks on kõige levinum kala angerjas, kuid seda saab valmistada mis tahes lihakalast, näiteks koer või konge.

RÖSTÕMBLEMINE

KOOSTISOSAD

1 merilatikas puhastatud, roogitud ja katlakivist puhastatud

25 g riivsaia

2 küüslauguküünt

1 tšillipipar

Äädikas

Oliiviõli

soola

TÖÖTLEMINE

Soola ja õli latikas seest ja väljast. Puista peale riivsai ja küpseta 180 kraadi juures 25 minutit.

Samal ajal pruunista keskmisel kuumusel fileeritud küüslauku ja tšillit. Tõsta tulelt tilk äädikat ja pintselda latikas selle kastmega üle.

TRIKK

Meislitamine tähendab kala laiuse sisselõigete tegemist, et kala kiiremini küpsetada.

CLAMS MARINERA

KOOSTISOSAD

1 kg rannakarpe

1 väike klaas valget veini

1 spl jahu

2 küüslauguküünt

1 väike tomat

1 sibul

½ tšillipipar

Toiduvärv või safran (valikuline)

Oliiviõli

soola

TÖÖTLEMINE

Kastke karbid mõneks tunniks rohke soolaga külma vette, et eemaldada kõik mullajäägid.

Pärast puhastamist küpsetage rannakarbid veinis ja ¼ l vees. Pärast avamist eemaldage ja säilitage vedelik.

Lõika sibul, küüslauk ja tomat väikesteks tükkideks ning prae neid väheses õlis. Lisa tšilli ja küpseta, kuni kõik on hästi pehme.

Lisa supilusikatäis jahu ja küpseta veel 2 minutit. Peske neid rannakarpide keetmisest tekkinud veega. Keeda 10 minutit, seejärel lisa soola. Lisa karbid ja küpseta veel minut. Nüüd lisage värvaine või safran.

TRIKK

Valge veini võib asendada magusa veiniga. Kaste on väga hea.

KAPITAL PILPILIGA

KOOSTISOSAD

4 või 5 soolamata tursafileed

4 küüslauguküünt

1 tšillipipar

½ liitrit oliivõli

TÖÖTLEMINE

Prae küüslauk ja tšilli oliiviõlis madalal kuumusel. Eemaldage need ja laske õlil veidi jahtuda.

Lisa tursafilee, nahk ülespoole, ja küpseta tasasel tulel 1 minut. Pöörake ja jätke veel 3 minutiks. Oluline on seda õlis küpsetada, mitte praadida.

Eemalda tursk, vala õli järk-järgult ära, kuni järele jääb vaid tursast eralduv valge aine (želatiin).

Pärast tulelt võtmist vahustage mõne pulgaga või filtri abil ringjate liigutustega, segades järk-järgult dekanteeritud õli. Pange pilpil 10 minutiks kokku, segamist katkestamata.

Kui olete valmis, pange tursk tagasi ja segage veel minut.

TRIKK

Erineva maitse saamiseks lisage turska praadimise kohas singiluu või mõni aromaatne ürt.

ÕLLEST PÖÖRATUD PUSKKAEV

KOOSTISOSAD

Puhas anšoovis ilma okasteta

1 purk väga külma õlut

Jahu

Oliiviõli

soola

TÖÖTLEMINE

Pane õlu kaussi ja lisa pidevalt vispliga segades jahu, kuni saad paksu konsistentsi, mis anšooviseid leotades vaevu tilgub.

Kõige lõpus prae rohkes õlis ja soolas läbi.

TRIKK

Kasutada võib mis tahes tüüpi õlut. See sobib suurepäraselt mustaga.

TINT TINDIS

KOOSTISOSAD

1 ½ kg kalmaaripoeg

1 klaas valget veini

3 supilusikatäit tomatikastet

4 kotti kalmaari tinti

2 sibulat

1 punane paprika

1 roheline paprika

1 loorberileht

Oliiviõli

Sool pipar

TÖÖTLEMINE

Prae hakitud sibul ja pipar madalal kuumusel. Kui need on keedetud, lisage puhas ja peeneks hakitud kalmaaripoeg. Tõsta kuumust ja maitsesta.

Niisutage seda valge veiniga ja laske leigeks muutuda. Lisa tomatikaste, kotike kalmaari tindiga ja loorberileht. Katke ja küpseta madalal kuumusel, kuni kalmaar on pehme.

TRIKK

Seda saab serveerida hea pasta või isegi krõpsudega.

COD CLUB RANERO

KOOSTISOSAD

Tursa pil-pil

10 küpset viinamarjatomatit

4 chorizo paprikat

2 rohelist paprikat

2 punast paprikat

2 sibulat

Suhkur

soola

TÖÖTLEMINE

Küpseta tomateid ja paprikat 180 kraadi juures pehmeks.

Kui paprikad on röstitud, katke need 30 minutiks kaanega, eemaldage nahk ja lõigake ribadeks.

Koorige tomatid ja viilutage need peeneks. Aurutage neid peeneks ribadeks lõigatud sibula ja chorizo-piprapastaga (eelnevalt 30 minutit kuumas vees niisutatud).

Lisa ribadeks lõigatud röstitud paprika ja küpseta 5 minutit. Reguleerige soola ja suhkrut.

Kuumuta pill koos tursa ja paprikaga.

TRIKK

Tšilli võid teha ka paprikaga või seda põhjaks, tursk peale, kaste tšilliga. Seda saab teha ka hea ratatouille'ga.

TALD ORANŽIGA

KOOSTISOSAD

4 talda

110 g võid

110 ml puljongit

1 spl hakitud värsket peterselli

1 tl paprikat

2 suurt apelsini

1 väike sidrun

Jahu

Sool pipar

TÖÖTLEMINE

Sulata pannil või. Jahu ja maitsesta tald. Prae võis mõlemalt poolt. Lisa paprika, apelsini- ja sidrunimahl ning suitsuliha.

Keeda 2 minutit keskmisel kuumusel, kuni kaste veidi pakseneb. Kaunista peterselliga ja serveeri kohe.

TRIKK

Kui soovite tsitrusviljadest rohkem mahla ekstraheerida, kuumutage neid mikrolaineahjus 10 sekundit maksimaalsel võimsusel.

RIOJANA HAKE

KOOSTISOSAD

4 merluusifileed

100 ml valget veini

2 tomatit

1 punane paprika

1 roheline paprika

1 küüslauguküünt

1 sibul

Suhkur

Oliiviõli

Sool pipar

TÖÖTLEMINE

Lõika sibul, pipar ja küüslauk väikesteks tükkideks. Prae kõike pannil keskmisel kuumusel 20 minutit. Tõstke kuumust, niisutage veiniga ja laske sellel kuivada.

Lisa riivitud tomatid ja keeda, kuni kogu vesi on kadunud. Lisa sool, pipar ja suhkur, kui see on happeline.

Grilli karbonaadi, kuni need on pealt kuldpruunid ja seest mahlased. Lisa köögiviljadele.

TRIKK

Soola merluus 15 minutit enne küpsetamist, et sool jaotuks ühtlasemalt.

HAKE KURK MAASIKAKASTEGA

KOOSTISOSAD

4 soolamata tursafileed

400 g pruuni suhkrut

200 g maasikaid

2 küüslauguküünt

1 apelsin

Jahu

Oliiviõli

TÖÖTLEMINE

Blenderda maasikad apelsinimahla ja suhkruga. Keeda 10 minutit ja sega.

Haki küüslauk ja prae pannil vähese õliga läbi. Eemalda ja reserveeri. Prae samas õlis jahuga tursk.

Serveeri tursk koos kastmega eraldi kausis ja aseta peale küüslauk.

TRIKK

Mõruapelsini moosi võib asendada maasikatega. Siis pead kasutama ainult 100 g fariinsuhkrut.

MERE PISTRAN

KOOSTISOSAD

4 forelli

½ liitrit valget veini

¼ liitrit äädikat

1 väike sibul

1 suur porgand

2 küüslauguküünt

4 nelki

2 loorberilehte

1 oksake tüümiani

Jahu

¼ liitrit oliiviõli

soola

TÖÖTLEMINE

Soola ja jahu forell. Prae õlis mõlemalt poolt 2 minutit (see peaks olema seest toores). Eemalda ja reserveeri.

Keeda praetud köögivilju samas rasvas 10 minutit.

Ujuma äädika ja veiniga. Maitsesta näpuotsatäie soola, ürtide ja vürtsidega. Keeda madalal kuumusel veel 10 minutit.

Lisa forell, kata ja küpseta veel 5 minutit. Jätke see tulelt maha ja serveerige, kui see on jahtunud.

TRIKK

Seda retsepti on parem tarbida üleöö. Ülejäänu muudab selle veelgi maitsvamaks. Kasutage ülejääkidest maitsvat marineeritud forellisalatit.

BILBAINE STYLE õmblemine

KOOSTISOSAD

1 2 kg merilatikat

½ liitrit valget veini

2 supilusikatäit äädikat

6 küüslauguküünt

1 tšillipipar

2 dl oliiviõli

soola

TÖÖTLEMINE

Lõika latikas välja, lisa soola, lisa veidi õli ja küpseta 200°C juures 20-25 minutit. Vanni vähehaaval veiniga.

Samal ajal prae 2 dl õlis viilutatud küüslauk koos tšillipipraga. Niisutage seda äädika abil ja valage latikatele.

TRIKK

Nikerdamine tähendab kala sisselõigete tegemist, et hõlbustada küpsetamist.

KREVETI SCAMPI

KOOSTISOSAD

250 g krevette

3 küüslauguküünt, fileeritud

1 sidrun

1 tšillipipar

10 supilusikatäit oliiviõli

soola

TÖÖTLEMINE

Pane kooritud krevetid kaussi, lisa ohtralt soola ja sidrunimahla. Eemaldage see.

Prae pannil fileeritud küüslauk ja tšilli. Enne värvi muutmist lisa krevetid ja prae 1 minut.

TRIKK

Lisamaitse saamiseks leotage krevette enne praadimist 15 minutit soola ja sidruniga.

KONDENSAATOR

KOOSTISOSAD

100 g soolamata turska puruna

100 g talisibulat

1 spl värsket peterselli

1 pudel külma õlut

Värvimine

Jahu

Oliiviõli

Sool pipar

TÖÖTLEMINE

Pane kaussi tursk, peeneks hakitud talisibul ja petersell, õlu, veidi toiduvärvi, sool ja pipar.

Sega ja lisa pidevalt segades üks supilusikatäis jahu, kuni saad kergelt paksu (mitte tilkuva) pudrutaolise taigna. Lase 20 minutit jahtuda.

Prae rohkes õlis, valades peale lusikatäis tainast. Kui need on kuldpruunid, võtke need välja ja asetage imavale paberile.

TRIKK

Kui õlut pole, saab teha ka soodaga.

DOURADO COD

KOOSTISOSAD

400 g soolamata ja purustatud turska

6 muna

4 keskmist kartulit

1 sibul

Värske petersell

Oliiviõli

soola

TÖÖTLEMINE

Koori kartulid ja lõika õlgedeks. Peske neid põhjalikult, kuni vesi muutub selgeks, seejärel prae neid rohkes kuumas õlis. Maitsesta soolaga.

Prae julienne ribadeks lõigatud sibul. Tõsta kuumust, lisa purustatud tursk ja küpseta, kuni see on kadunud.

Klopi eraldi kausis lahti munad, lisa tursk, kartul ja sibul. Kergelt pannil külmutatud. Maitsesta soolaga ja viimistle hakitud värske peterselliga.

TRIKK

See peaks olema veidi kalgendatud, et oleks mahlane. Kartuleid ei soolata lõpuni, et nad oma krõbedust ei kaotaks.

BASKI VÄHK

KOOSTISOSAD

1 ämblikkrabi

500 g tomateid

75 g Serrano sinki

50 g värsket riivsaia (või riivsaia)

25 g võid

1½ klaasi brändit

1 supilusikatäis peterselli

1/8 sibulat

½ küüslauguküünt

Sool pipar

TÖÖTLEMINE

Keeda ämblikkrabi (1 minut 100 grammi kohta) 2 liitris vees ja 140 g soolaga. Jahuta ja eemalda liha.

Prae hakitud sibul ja küüslauk koos peeneks julienne ribadeks lõigatud singiga. Lisa riivitud tomatid ja hakitud petersell ning küpseta, kuni saadakse kuiv viljaliha.

Lisa ämblikkrabiliha, kata brändiga ja flambeeri. Lisa pool tulelt saadud purust ja täida ämblikkrabi.

Puista peale ülejäänud puru ja määri peale tükkideks lõigatud või. Küpseta pealt ahjus kuldpruuniks.

TRIKK

Seda saab valmistada ka hea Ibeeria chorizoga ja täita isegi suitsujuustuga.

Äädikas

KOOSTISOSAD

12 anšoovist

300 cl veiniäädikat

1 küüslauguküünt

Hakitud petersell

ekstra neitsioliiviõli

1 tl soola

TÖÖTLEMINE

Pane puhastatud anšoovised koos vee ja soolaga lahjendatud äädikaga tasasele taldrikule. Tõsta 5 tunniks külmkappi.

Vahepeal leota õlis peeneks hakitud küüslauk ja petersell.

Eemaldage anšoovised äädikast ja määrige õli ja küüslauguga. Pane see veel 2 tunniks tagasi külmkappi.

TRIKK

Peske anšooviseid mitu korda, kuni vesi muutub selgeks.

NÕELTE MÄRK

KOOSTISOSAD

¾ kg soolamata turska

1 dl piima

2 küüslauguküünt

3 dl oliiviõli

soola

TÖÖTLEMINE

Kuumuta õli koos küüslauguga väikesel pannil keskmisel kuumusel 5 minutit. Lisa tursk ja keeda väga madalal kuumusel veel 5 minutit.

Kuumuta piim ja pane smuutiklaasi. Lisa nahata tursk ja küüslauk. Vahusta kuni saadakse peen tainas.

Lisa peksmist katkestamata õli, kuni saad homogeense taigna. Maitsesta soola ja gratiiniga ahjus maksimaalsel võimsusel.

TRIKK

Seda saab süüa röstitud saia peal ja peale panna veidi aioli.

PULBER ADOBO'S (BIENMESABE)

KOOSTISOSAD

500 g koer

1 klaas äädikat

1 tase supilusikatäis jahvatatud köömneid

1 tase supilusikatäis magusat paprikat

1 tase supilusikatäis oreganot

4 loorberilehte

5 küüslauguküünt

Jahu

Oliiviõli

soola

TÖÖTLEMINE

Pange eelnevalt kuubikuteks lõigatud koer sügavasse nõusse ja puhastage see.

Lisa peotäis soola ja teelusikatäis paprikat, köömneid ja pune.

Purusta küüslauk koos koorega ja lisa anumasse. Murra loorberilehed ja lisa ka need. Lõpuks lisa klaas äädikat ja teine klaas vett. Lase üleöö puhata.

Koera tükid kuivatatakse, jahustatakse ja praetakse.

TRIKK

Kui köömned on värskelt jahvatatud, lisage ainult ¼ supilusikatäit. Seda saab teha ka teiste kaladega, näiteks merikuradi või merikundiga.

SULETUD TSITRUS JA TUUN

KOOSTISOSAD

800 g tuunikala (või värsket bonito)

70 ml äädikat

140 ml veini

1 porgand

1 porrulauk

1 küüslauguküünt

1 apelsin

½ sidruni

1 loorberileht

70 ml õli

Sool ja pipar

TÖÖTLEMINE

Lõika porgand, porru ja küüslauk rõngasteks ning pruunista väheses õlis. Kui köögiviljad on pehmenenud, niisutage neid äädika ja veiniga.

Lisa loorberileht ja pipar. Lisa sool ja küpseta veel 10 minutit. Lisa tsitrusviljade koor ja mahl ning 4 tükiks lõigatud tuunikala. Keeda veel 2 minutit ja lase tulelt kaetult puhata.

TRIKK

Järgige samu samme maitsva kanamarinaadi valmistamiseks. Lihtsalt pruunista kana enne marinaadi lisamist ja küpseta veel 15 minutit.

KRAB VIHMAJOK

KOOSTISOSAD

500 g krevette

100 g jahu

½ dl külma õlut

Värvimine

Oliiviõli

soola

TÖÖTLEMINE

Koorige krevetid ilma sabaotsa eemaldamata.

Sega kausis jahu, veidi toiduvärvi ja soola. Segage seda vähehaaval ja keetmist katkestamata.

Haara krevettidel sabast, aja need eelmisest taignast läbi ja prae rohkes õlis läbi. Eemaldage, kui see on kuldpruun ja asetage imavale paberile.

TRIKK

Jahule võid lisada 1 tl karrit või paprikat.

TUUNIKALA BASILIKUGA

KOOSTISOSAD

125 g tuunikala konservi õlis

½ liitrit piima

4 muna

1 viil viilutatud leiba

1 spl riivitud parmesani

4 värsket basiilikulehte

Jahu

Oliivõli

Sool pipar

TÖÖTLEMINE

Sega tuunikala piima, munade, viilutatud leiva, parmesani ja basiilikuga. Lisa soola ja pipart.

Vala tainas eraldi, eelnevalt võiga määritud ja jahuga ülepuistatud vormidesse ning küpseta 170-kraadises ahjus 30 minutit.

TRIKK

Selle retsepti saate valmistada ka konserveeritud karpide või sardiinidega.

SOLE A LA MENIER

KOOSTISOSAD

6 talda

250 g võid

50 g sidrunimahla

2 supilusikatäit peeneks hakitud peterselli

Jahu

Sool pipar

TÖÖTLEMINE

Maitsesta ja jahuga tald, mis on peast ja nahast puhastatud. Prae keskmisel kuumusel sulavõis mõlemalt poolt, jälgides, et jahu ei kõrbeks.

Eemaldage kala ja lisage pannile sidrunimahl ja petersell. Küpseta 3 minutit segamist lõpetamata. Serveeri kala taldrikul koos kastmega.

TRIKK

Retsepti vürtsitamiseks lisage kapparid.

LÕHEPRUUN CAVAGA

KOOSTISOSAD

2 lõhefileed

½ liitrit cavat

100 ml koort

1 porgand

1 porrulauk

Oliiviõli

Sool pipar

TÖÖTLEMINE

Maitsesta ja prae lõhe mõlemalt poolt. Broneerige see.

Lõika porgand ja porru õhukesteks pikkadeks kangideks. Prae köögivilju 2 minutit lõhega samas õlis. Niisutage cava'ga ja laske poole võrra kahaneda.

Lisa koor, küpseta 5 minutit, seejärel lisa lõhe. Küpseta veel 3 minutit, seejärel maitsesta soola ja pipraga.

TRIKK

Võid lõhet aurutada 12 minutit ja lisada sellele kastmele.

BILBAÍN STYLE SEA BASS PIQUILTOS

KOOSTISOSAD

4 meriahvenat

1 supilusikatäis äädikat

4 küüslauguküünt

Piquillo paprika

125 ml oliiviõli

Sool pipar

TÖÖTLEMINE

Eemalda meriahvena seljatükk. Maitsesta soola ja pipraga ning prae pannil kõrgel kuumusel pealt kuldpruuniks ja seest mahlakaks. Võtke see välja ja broneerige see.

Haki küüslauk ja prae kalaga samas õlis. Niisutage seda äädika abil.

Prae samal pannil paprika.

Serveeri meriahvenafilee koos kastmega ja lisa paprika.

TRIKK

Bilbao kastme saab ette valmistada; siis pole vaja muud, kui uuesti soojendada ja serveerida.

KARBALTID VINAIGRETTIS

KOOSTISOSAD

1 kg rannakarpe

1 väike klaas valget veini

2 supilusikatäit äädikat

1 väike roheline paprika

1 suur tomat

1 väike talisibul

1 loorberileht

6 supilusikatäit oliiviõli

soola

TÖÖTLEMINE

Puhastage kestad põhjalikult uue puhastusvahendiga.

Asetage rannakarbid veini ja loorberilehtedega kaussi. Katke ja küpseta kõrgel kuumusel, kuni need avanevad. Reserveerige ja visake üks kest ära.

Valmista vinegrett, tükeldades tomatid, sibula ja pipra. Maitsesta äädika, õli ja soolaga. Sega läbi ja vala karpidele.

TRIKK

Maitsete tugevdamiseks laske sellel üleöö seista.

MARMITACO

KOOSTISOSAD

300 g tuunikala (või bonito)

1 l kalapuljongit

1 supilusikatäis chorizo paprikat

3 suurt kartulit

1 suur punane paprika

1 suur roheline paprika

1 sibul

Oliiviõli

Sool pipar

TÖÖTLEMINE

Prae kuubikuteks lõigatud sibul ja pipar. Lisa lusikatäis chorizo pipart ning kooritud ja viilutatud kartulid. Sega 5 minutit.

Tee kalapuljongiga märjaks ja kui hakkab keema, lisa soola ja pipart. Keeda tasasel tulel, kuni kartulid on kuldpruunid.

Keera kuumus maha, seejärel lisa kuubikuteks lõigatud ja maitsestatud tuunikala. Lase enne serveerimist 10 minutit puhata.

TRIKK

Tuunikala võib asendada lõhega. Tulemus on üllatav.

SOOLALINE MEREMULL

KOOSTISOSAD

1 meriahven

600 g jämedat soola

TÖÖTLEMINE

Roogime ja puhastame kala. Aseta taldrikule soolakiht, peale aseta meriahven ja kata ülejäänud soolaga.

Küpseta 220 kraadi juures kuni sool taheneb ja puruneb. See on umbes 7 minutit iga 100 g kala kohta.

TRIKK

Kala ei tohi soolas küpsetada enne, kui sellel on soomused, sest soomused kaitsevad liha kõrge temperatuuri eest. Soola võib maitsestada ürtidega või lisada munavalget.

AURUTATUD KOSTID

KOOSTISOSAD

1 kg rannakarpe

1 dl valget veini

1 loorberileht

TÖÖTLEMINE

Puhastage kestad põhjalikult uue puhastusvahendiga.

Asetage karbid, vein ja loorberilehed kuumale pannile. Katke ja küpseta kõrgel kuumusel, kuni need avanevad. Visake avamata minema.

TRIKK

See on Belgias väga populaarne roog, mille kõrvale head friikartulid.

KURIT GALITIAS

KOOSTISOSAD

4 viilu merluusi

600 g kartulit

1 tl paprikat

3 küüslauguküünt

1 keskmine sibul

1 loorberileht

6 supilusikatäit neitsioliiviõli

Sool pipar

TÖÖTLEMINE

Kuumuta pannil vesi; lisa viilutatud kartul, sibul, sool ja loorberileht. Keeda tasasel tulel 15 minutit, kuni kõik on pehme.

Lisa maitsestatud merluusiviilud ja küpseta veel 3 minutit. Nõruta kartulid ja merluus ning tõsta kõik savipotti.

Prae pannil viilutatud või hakitud küüslauk; kui need on kuldpruunid, tõsta tulelt. Lisa paprika, sega läbi ja vala kaste kalale. Serveeri kiiresti vähese keeduveega.

TRIKK

Oluline on, et vett oleks täpselt nii palju, et see kataks kalaviilud ja kartulid.

HAKE KORVPALL

KOOSTISOSAD

1 kg merluusi

100 g keedetud herneid

100 g sibulat

100 g rannakarpe

100 g krevette

1 dl kalamahla

2 supilusikatäit peterselli

2 küüslauguküünt

8 spargli oda

2 kõvaks keedetud muna

Jahu

Sool pipar

TÖÖTLEMINE

Lõika merluus viiludeks või fileedeks. Maitsesta ja jahu.

Hauta pannil peeneks hakitud sibul ja küüslauk pehmeks. Tõsta kuumust, lisa kala ja pruunista kergelt mõlemalt poolt.

Niisutage suitsuahjuga ja küpseta 4 minutit, potis pidevalt segades, et kaste pakseneks. Lisa kooritud krevetid, spargel, puhastatud rannakarbid, herned ja neljaks lõigatud munad. Küpseta veel 1 minut ja puista peale hakitud petersell.

TRIKK

Soola merluus 20 minutit enne küpsetamist, et sool jaotuks ühtlasemalt.

NOAD KÜÜSLAUGU JA SIDRUNIGA

KOOSTISOSAD

2 tosinat nuga

2 küüslauguküünt

2 oksa peterselli

1 sidrun

ekstra neitsioliiviõli

soola

TÖÖTLEMINE

Pange žileti karbid külma veega kaussi ja soolage neid eelmisel õhtul, et puhastada need liivajääkidest.

Nõruta, pane pannile, kata ja kuumuta keskmisel kuumusel, kuni need avanevad.

Vahepeal haki küüslauk ja peterselli oksad ning sega sidrunimahla ja oliiviõliga. Kastke habemenuga karbid selle kastmega.

TRIKK

Need on maitsvad hollandaise või béarnaise kastmega (lk 532-517).

WAY WAY PUDDING

KOOSTISOSAD

500 g peata skorpioni kala

125 ml tomatikastet

¼ l koort

6 muna

1 porgand

1 porrulauk

1 sibul

Riivsai

Oliiviõli

Sool pipar

TÖÖTLEMINE

Keeda skorpioni kala koos puhaste ja peeneks hakitud köögiviljadega 8 minutit. Soola jaoks.

Murenda skorpioni kala liha (ilma naha ja luudeta). Aseta kaussi munade, koore ja tomatikastmega. Sega läbi ja maitsesta soola ja pipraga.

Määri vorm ja puista riivsaiaga. Täida eelmise taignaga ja küpseta 175-kraadises ahjus 50 minutit või kuni nööpnõela torke on puhas. Serveeri külmalt või soojalt.

TRIKK

Võite skorpioni kala asendada mis tahes muu kalaga

MONDFISH PEHME KÜÜSLAUGUKREEMIGA

KOOSTISOSAD

4 väikest kuradisaba

50 g musti oliive

400 ml koort

12 küüslauguküünt

Sool pipar

TÖÖTLEMINE

Keeda küüslauk külmas vees. Kui need hakkavad keema, võtke need välja ja valage vesi välja. Korrake sama toimingut 3 korda.

Seejärel küpseta küüslauku koores madalal kuumusel 30 minutit.

Kuivatage kivideta oliivid mikrolaineahjus. Keerake need läbi uhmri ja nuia, kuni saate oliivipulbrit.

Maitsesta ja küpseta kuradikala kõrgel kuumusel, kuni see on väljast mahlane ja seest kuldpruun.

Maitsesta kaste. Serveeri merikuradi ühel küljel koos kastme ja oliivipulbriga.

TRIKK

Selle kastme maitse on sile ja hõrk. Kui see on väga vedel, küpseta veel paar minutit. Kui see on vastupidi väga paks, lisage veidi kuuma vedelat koort ja segage.

HAKE IN SIIDRI MÜNDIÕUNAKOMPOTIGA

KOOSTISOSAD

4 merluusi

1 pudel siidrit

4 supilusikatäit suhkrut

8 piparmündi lehte

4 õuna

1 sidrun

Jahu

Oliiviõli

Sool pipar

TÖÖTLEMINE

Maitsesta merluus ja jahu ning prae väheses kuumas õlis. Võtke see välja ja asetage see küpsetusplaadile.

Koorige õun, viilutage see peeneks ja pange seejärel pannile. Vannitage siidriga ja küpsetage 15 minutit 165 ºC juures.

Koori õunad ja kaste välja. Sega suhkru ja piparmündilehtedega.

Serveeri kala koos kompotiga.

TRIKK

Sama retsepti teine versioon. Jahu ja rösti merluus, seejärel pane see koos õunte ja siidriga kastrulisse. Keeda madalal kuumusel 6 minutit. Eemaldage merluus ja laske kastmel haududa. Seejärel sega piparmündi ja suhkruga.

Marineeritud lõhe

KOOSTISOSAD

1 kg lõhefilee

500 g suhkrut

4 supilusikatäit hakitud tilli

500 g jämedat soola

Oliiviõli

TÖÖTLEMINE

Sega kausis sool suhkru ja tilliga. Asetage pool aluse põhjale. Lisa lõhe ja kata segu teise poolega.

Tõsta 12 tunniks külmkappi. Eemaldage ja puhastage külma veega. Fileeri ja määri õliga.

TRIKK

Soola võid maitsestada mis tahes ürtide või vürtsidega (ingver, nelk, karri jne).

PISTAN SININE JUUST

KOOSTISOSAD

4 forelli

75 g sinihallitusjuustu

75 g võid

40 cl vedelat koort

1 väike klaas valget veini

Jahu

Oliiviõli

Sool pipar

TÖÖTLEMINE

Kuumuta või pannil koos tilga õliga. Prae jahu-soolatud forelli mõlemalt poolt 5 minutit. Broneerige see.

Kalla vein ja juust praadimisel järele jäänud rasva hulka. Küpseta, kuni vein on peaaegu otsas ja juust täielikult sulanud.

Lisa rõõsk koor ja keeda, kuni saavutad soovitud konsistentsi. Lisa soola ja pipart. Forell kastmega.

TRIKK

Valmista magushapu sinihallitusjuustu kaste, asendades koore värske apelsinimahlaga.

SOJAS AURUTUNUD TUUNIKALA TATAKI

KOOSTISOSAD

1 tuunikala seljatükk (või lõhe)

1 klaas soja

1 klaas äädikat

2 kuhjaga supilusikatäit suhkrut

1 väikese apelsini koor

Küüslauk

röstitud seesam

Ingver

TÖÖTLEMINE

Puhasta tuunikala hästi ja lõika kangideks. Prae väga kuumal pannil igast küljest kergelt läbi ja jahuta küpsetamise lõpetamiseks kohe jäävees.

Sega kausis soja, äädikas, suhkur, apelsinikoor, ingver ja küüslauk. Lisa kala ja marineeri vähemalt 3 tundi.

Puista seesamiseemnetega, lõika väikesteks viiludeks ja serveeri.

TRIKK

Anisaki vältimiseks tuleb see retsept eelnevalt valmistada külmutatud kalast.

HAKE KOOK

KOOSTISOSAD

1 kg merluusi

1 liiter koort

1 suur sibul

1 klaas brändit

8 muna

Küpsetatud tomatid

Oliiviõli

Sool pipar

TÖÖTLEMINE

Lõika sibul julienne ribadeks ja prae pannil. Kui see on pehme, lisa merluus. Küpseta, kuni see on valmis ja mureneb.

Seejärel tõsta kuumust ja vala juurde brändi. Lase jahtuda ja lisa mõned tomatid.

Tõsta tulelt ning lisa munad ja koor. Haki kõik ära. Maitsesta maitse ja vormi järgi. Küpseta ahjus 165 kraadi juures vähemalt 1 tund või kuni nõelatorke puhtana välja tuleb.

TRIKK

Serveeri roosa või tartarkastmega. Võib teha mis tahes kondita valge kalaga.

PEAPITAL TÄIDISTUD PAPRIK

KOOSTISOSAD

250 g soolamata turska

100 g krevette

2 supilusikatäit röstitud tomateid

2 supilusikatäit võid

2 supilusikatäit jahu

1 purk piquillo paprikat

2 küüslauguküünt

1 sibul

Brändi

Oliiviõli

Sool pipar

TÖÖTLEMINE

Vala tursk vesi peale ja küpseta 5 minutit. Eemaldage ja reserveerige keeduvesi.

Prae sibul ja hakitud küüslauguküüned. Koori krevetid ja lisa koored sibulapannile. Prae hästi. Tõsta kuumust ja lisa tilk brändit ja röstitud tomatid. Pese tursk keeduveega ja küpseta 25 minutit. Segage ja filtreerige.

Prae tükeldatud krevetid ja tõsta kõrvale.

Hauta jahu võis umbes 5 minutit, lisa kurnatud puljong ja keeda vispliga vahustades veel 10 minutit.

Lisa purustatud tursk ja aurutatud krevetid. Maitsesta soola ja pipraga ning lase jahtuda.

Täida paprikad eelmise taignaga ja serveeri.

TRIKK

Ideaalne kaste nende paprikate jaoks on Biskaia (vt Puljongid ja kastmed).

RADID

KOOSTISOSAD

1 kg tervet kalmaari

150 g nisujahu

50 g kikerhernejahu

Oliiviõli

soola

TÖÖTLEMINE

Puhastage kalmaar põhjalikult, eemaldage väliskest ja puhastage seest põhjalikult. Lõika need õhukesteks ribadeks pikuti, mitte laiuselt. Soola jaoks.

Sega omavahel nisujahu ja kikerhernejahu, seejärel jahu seguga kalmaar.

Kuumuta õli hästi ja prae seepiarõngaid vähehaaval kuldpruuniks. Serveeri kohe.

TRIKK

Kalmaar soolatakse 15 minutit enne ja praetakse väga kuumas õlis.

PAVIA SÕDURID

KOOSTISOSAD

500 g soolamata turska

1 supilusikatäis oreganot

1 spl jahvatatud köömneid

1 spl toiduvärvi

1 supilusikatäis paprikat

1 klaas äädikat

2 küüslauguküünt

1 loorberileht

Jahu

kuum õli

soola

TÖÖTLEMINE

Sega kausis pune, köömned, paprika, purustatud küüslauk, äädikas ja veel üks klaas vett, seejärel maitsesta näpuotsatäie soolaga. Aseta ribadeks lõigatud soolavaba tursk 24 tunniks marinaadi.

Sega omavahel toiduvärv ja jahu. Puista tursaribad jahu, nõruta ja prae rohkes kuumas õlis.

TRIKK

Serveeri kohe, et seest oleks mahlane ja väljast krõbe.

RACHELLA

KOOSTISOSAD

125 g tooreid krevette

75 g nisujahu

50 g kikerhernejahu

5 kiudu safranit (või värvainet)

¼ kevadsibulat

Värske petersell

ekstra neitsioliiviõli

soola

TÖÖTLEMINE

Mähi safran alumiiniumfooliumisse ja rösti seda ahjus paar sekundit.

Sega kausis jahu, sool, pulbristatud safran, hakitud talisibul, hakitud petersell, 125 ml väga külma vett ja krevetid.

Prae lusikatäied lahtirullitud tainast rohkes õlis läbi. Jäta, kuni need on hästi pruunistunud.

TRIKK

Sega tainast lusikaga, kuni see on jogurtitaolise konsistentsiga.

FORELL NAVARRA

KOOSTISOSAD

4 forelli

8 viilu serrano sinki

Jahu

Oliivõli

soola

TÖÖTLEMINE

Lisa igale puhastatud ja roogitud forellile 2 viilu Serrano sinki. Maitsesta jahu ja soolaga.

Prae rohkes õlis ja eemalda liigne rasv imaval paberil.

TRIKK

Õli temperatuur peaks olema mõõdukalt kõrge, et see ei põleks ainult väljastpoolt ja kuumus ei ulatuks kala keskmesse.

LÕHE TATARA AVOKAADOGA

KOOSTISOSAD

500 g lõhet ilma luude ja nahata

6 kapparit

4 tomatit

3 marineeritud kurki

2 avokaadot

1 kevadsibul

2 sidruni mahl

Tabasco

Oliiviõli

soola

TÖÖTLEMINE

Koorige ja eemaldage tomatitest südamik. Nõruta avokaado. Haki kõik koostisosad võimalikult peeneks ja sega kausis läbi.

Maitsesta sidrunimahla, mõne tilga Tabasco, oliiviõli ja soolaga.

TRIKK

Seda saab teha suitsulõhe või muu sarnase kalaga, näiteks forelliga.

GALITSIA Kammkarbid

KOOSTISOSAD

8 kesta

125 g sibulat

125 g Serrano sinki

80 g riivsaia

1 spl värsket peterselli

½ tl magusat paprikat

1 kõvaks keedetud muna, tükeldatud

TÖÖTLEMINE

Lõika sibul väikesteks tükkideks ja hauta madalal kuumusel 10 minutit. Lisa kuubikuteks lõigatud sink ja prae veel 2 minutit. Lisa paprika ja küpseta veel 10 sekundit. Võtke see välja ja laske jahtuda.

Kui see on jahtunud, pane see kaussi ja lisa riivsai, hakitud petersell ja muna. See seguneb.

Täida kammkarbid eelmise seguga, tõsta taldrikule ja küpseta 170 kraadi juures 15 minutit.

TRIKK

Aja säästmiseks valmistage need ette ja küpsetage need päeval, mil neid vajate. Seda saab teha kammkarpidest ja isegi austritest.

www.ingramcontent.com/pod-product-compliance
Lightning Source LLC
Chambersburg PA
CBHW050350120526
44590CB00015B/1630